HARRAP'S

Turkish

PHRASE BOOK

Compiled by
LEXUS
with
Memduha Tee

HARRAP
London Paris

First published in Great Britain 1989
by HARRAP BOOKS LTD
19–23 Ludgate Hill, London EC4M 7PD

Reprinted 1989

ISBN 0 245-54752-5

Printed in Great Britain by
Richard Clay Ltd, Bungay, Suffolk

CONTENTS

INTRODUCTION

The phrase sections in this new book are concise and to the point. In each section you will find: a list of basic vocabulary; a selection of useful phrases; a list of common words and expressions that you will see on signs and notices. A full pronunciation guide is given for things you'll want to say or ask and typical replies to some of your questions are listed.

Of course, there are bound to be occasions when you want to know more. So this book allows for this by containing a two way Turkish-English dictionary with a total of some 5,000 references. This will enable you to build up your Turkish vocabulary, to make variations on the phrases in the phrase sections and to recognize more of the Turkish words that you will see or hear when travelling about.

As well as this we have given a menu reader covering about 200 dishes and types of food – so that you will know what you are ordering! And, as a special feature, there is a section on colloquial Turkish.

Speaking the language can make all the difference to your trip. So:

bol şanslar!
bol shanslar
good luck!

and

iyi yolculuklar!
eeyee yoljoolooklar
have a good trip!

PRONUNCIATION

In the phrase sections of this book a pronunciation guide has been given by writing the Turkish words as though they were English. So if you read out the pronunciation as English words a Turkish person should be able to understand you. Some notes on this:

a as in 'father'
e as in 'bed'
ew as in 'dew' (if you know French, it's the 'u' sound)
g always hard as in 'girl'
ī as in 'I' or the 'y' in 'by'
j as in 'Jane'
J like the 's' sound in 'pleasure'
uh like the 'e' in 'the' or 'other' but more clipped

Letters in bold type in the pronunciation guide mean that this part of the word should be stressed.

In the Menu Reader and the Turkish into English dictionary section we have followed Turkish alphabetical order. The differences are: c, ç; ı, i; o, ö; s, ş; u, ü.

To help you decipher Turkish:

c like English 'j' as in 'Jane'
ç ch as in 'cheek'
ı the 'uh' sound above
ö an 'ur' sound (same as in German)
ş sh as in 'shoe'
ü the 'ew' sound (same as in German)

Note that the 'ğ' has nothing to do with 'g' – 'ğ' is used to lengthen the preceding vowel.

GENERAL PHRASES

hello
merhaba
merhaba

hi
selam
selam

good morning
günaydın
*gewnī**duhn***

good evening
iyi akşamlar
*eeyee aksham**lar***

good night
iyi geceler
eeyee gejeler

pleased to meet you
tanıştığımıza memnun oldum
*ta**nuh**shtuh-muhza memnoon **ol**doom*

goodbye
(*said by person leaving*) Allaha ısmarladık
***a**lla-ha **uh**shmarladuhk*

(*said by person staying behind*) güle güle
gewleh gewleh

cheerio
hoşca kal
*hosh-**ja** kal*

see you
görüşürüz
gurrewshewrewz

GENERAL PHRASES

yes/no
evet/hayır, yok
*evet/hī-**uhr** yok*

yes please
evet lütfen
evet lewtfen

no thank you
hayır, teşekkür ederim
*hī-**uhr** teshekkewr edereem*

please
lütfen
lewtfen

thank you
teşekkür ederim
teshekkewr edereem

thanks/cheers
teşekkürler/sağol
*teshekkewrler/s**a**-ol*

thanks very much
çok sağol
*chok s**a**-ol*

you're welcome
birşey değil
beershay deh-eel

sorry
özür dilerim
urzewr deelereem

sorry? (*didn't understand*)
efendim?
efendeem

how are you?
nasılsınız?
*nas**uhl**suhnuhz*

very well, thank you
iyiyim, teşekkür ederim
eeyeeyeem teshekkewr edereem

and yourself?
ya siz?
ya seez

excuse me (*to get attention*)
affedersiniz
affederseeneez

how much is it?
kaça?
kacha

can I see?
görebilir miyim?
gurebeeleer meeyeem

can I have . . . ?
. . . verir misiniz?
. . . *vereer meeseeneez*

I'd like to . . .
. . . istiyordum
. . . *eesteeyordoom*

where is . . . ?
. . . nerede?
. . . *neredeh*

it's not . . .
. . . değil
. . . *deh-eel*

is it . . . ?
. . . mi?
. . . *mee*

is there . . . here?
burada . . . var mı?
boorada . . . var muh

could you say that again?
tekrar söyler misiniz?
tekrar sur-ler meeseeneez

please don't speak so fast
lütfen daha yavaş konuşun
lewtfen daha yavash konooshoon

GENERAL PHRASES

I don't understand
anlamadım
anlamaduhm

OK
peki
pekee

come on, let's go!
hadi, gidelim!
hadee geedeleem

what's your name?
adınız ne?
aduhnuhz neh

what's that in Turkish?
Türkçesi ne?
tewrk-chesee neh

that's fine!
böyle iyi
bur-leh eeyee

00	toilet
açık	open
basınız	press
bayanlar	ladies
baylar	gents
boş	free; vacant
çekiniz	pull
çimenlere basmayınız	keep off the grass
çöp atmayınız	no litter please
dokunmayınız	do not touch
içilmez	not for drinking
itiniz	push
kapalı	closed
meşgul	occupied; engaged
taze boya	wet paint
tuvalet	toilet
yasak	forbidden
yüz numara	toilet

COMING AND GOING

airport	hava alanı *hava alanuh*
baggage	bagaj *bagaJ*
book a seat	yer ayırtmak *yer ī-uhrtmak*
coach	otobüs *otobews*
docks	doklar *doklar*
ferry	feribot *fereebot*
gate (*at airport*)	kapı *kapuh*
harbour	liman *leeman*
plane	uçak *oochak*
sleeper	yataklı *yatakluh*
station	istasyon *eestas-yon*
taxi	taksi *taxee*
train	tren *tren*

a ticket to . . .
. . . 'a bir bilet
. . . -a beer beelet

I'd like to reserve a seat
bir yer ayırtmak istiyordum
beer yer ī-uhrtmak eesteeyordoom

smoking/non-smoking please
sigara içilen/sigara içilmeyen lütfen
seegara eecheelen/seegara eecheelmay-en lewtfen

a window seat please
pencere kenarı lütfen
penjereh kenaruh lewtfen

which platform is it for . . . ?
. . . treni hangi perondan kalkıyor?
. . . trenee han-gee perondan kalkuhyor

what time is the next flight?
bir daha ne zaman uçak var?
beer daha ne zaman oochak var

is this the right train for . . . ?
. . . treni bu mu?
. . . trenee boo moo

is this bus going to . . . ?
bu otobüs . . . 'a gider mi?
boo otobews . . . -a geeder mee

is this seat free?
bu yer boş mu?
boo yer bosh moo

do I have to change (trains)?
aktarma yapmam lazım mı?
aktarma yapmam lazuhm muh

is this the right stop for . . . ?
. . . durağı bu mu?
. . . doorah-uh boo moo

is this ticket ok?
bu bilet tamam mı?
boo beelet tamam muh

I want to change my ticket
biletimi değiştirmek istiyorum
beeleteemee deh-eeshteermek eesteeyoroom

thanks for a lovely stay
konukseverliğiniz için çok teşekkürler
konookseverlee-eeneez eecheen chok teshekkewrler

thanks very much for coming to meet me
beni karşılamaya geldiğiniz için çok teşekkürler
benee karshuhlamī-a geldee-eeneez eecheen chok teshekkewrler

well, here we are in . . .
işte . . .-deyiz
eeshteh . . .-day-eez

gümrüğe tabi bir şeyiniz var mı?
gewmrew-eh tabee beer shay-eeneez var muh
anything to declare?

bu çantayı açar mısınız, lütfen?
boo chantī-uh achar muhsuhnuhz lewtfen
would you mind opening this bag please?

bagaj alma yeri	baggage claim
bagaj kaydı	check in
bagaj kayıt masası	check-in desk
bagaj kontrolü	baggage check
biniş kartı	boarding card
çek-in	check in
çıkış kapısı	gate
danışma	information
dış hatlar	international flights
el bagajı	hand luggage
emniyet kemerlerinizi bağlayınız	fasten seat belts
enformasyon	information
gecikmeli	delayed
giden yolcular salonu	departure lounge
gümrük	customs
gümrüksüz	duty-free
havaalanı	airport
havayolu	airline
iç hatlar	domestic flights
iniş	landing
iptal edildi	cancelled
kalkış	departure
pasaport kontrolü	passport control
sefer	flight
seferden kaldırıldı	cancelled
sigara içenler	smokers
sigara içmeyenler	non-smokers
varış	arrival
yolcular	passengers
yeşil kart	green card

GETTING A ROOM

balcony	balkon *balkon*
bed	yatak *yatak*
breakfast	kahvaltı *kahvaltuh*
dinner	akşam yemeği *aksham yemeh-ee*
dining room	yemek salonu *yemek salonoo*
double room	iki kişilik oda *eekee keesheeleek oda*
guesthouse	pansiyon *pansee-yon*
hotel	otel *otel*
key	anahtar *anahtar*
lunch	öğle yemeği *urleh yemeh-ee*
night	gece *gejeh*
private bathroom	özel banyo *urzel ban-yo*
reception	resepsiyon *resepsee-yon*
room	oda *oda*
shower	duş *dush*
single room	tek kişilik oda *tek keesheeleek oda*
with bath	banyolu *ban-yoloo*

do you have a room for one night?
bir gece için bir odanız var mı?
beer gejeh eecheen beer odanuhz var muh

do you have a room for one person?
bir kişilik bir odanız var mı?
beer keesheeleek beer odanuhz var muh

do you have a room for two people?
iki kişilik bir odanız var mı?
eekkee keesheeleek beer odanuhz var muh

we'd like to rent a room for a week
bir haftalığına bir oda kiralamak istiyorduk
beer haftaluh-uhna beer oda keeralamak eesteeyordook

I'm looking for a good cheap room
iyi, ucuz bir oda arıyorum
eeyee oojooz beer oda aruh-yoroom

GETTING A ROOM

I have a reservation
yer ayırtmıştım
yer ī-uhrtmuhstuhm

how much is it?
ne kadar?
neh kadar

can I see the room please?
odayı görebilir miyim, lütfen?
odī-uh gurebeeleer meeyeem lewtfen

does that include breakfast?
kahvaltı dahil mi?
kahvaltuh dah-eel mee

a room overlooking the sea
denize bakan bir oda
deneezeh bakan beer oda

we'd like to stay another night
bir gece daha kalmak istiyorduk
beer gejeh daha kalmak eesteeyordook

we will be arriving late
orada geç saatte olacağız
orada gech sa-atteh olaja-uhz

can I have my bill please?
hesabımı çıkarır mısınız lütfen?
hesabuhmuh chuhkaruhr muhsuhnuhz lewtfen

I'll pay cash
nakit ödeyeceğim
nakeet urday-ejeh-eem

can I pay by credit card?
kredi kartıyla ödeyebilir miyim?
kredee kartuhyla urday-ebeeleer meeyeem

will you give me a call at 6.30 in the morning?
beni sabah 6.30 da kaldırır mısınız?
benee sabah altuh otaoz da kalduhruhr muhsuhnuhz

at what time do you serve breakfast/dinner?
kahvaltı/akşam yemeği kaçta veriliyor?
kahvaltuh/aksham yemeh-ee kachta vereeleeyor

can we have breakfast in our room?
kahvaltıyı odamızda edebilir miyiz?
kahvaltuh-yuh odamuhzda edebeeleer meeyeez

thanks for putting us up
bizi konuk ettiğiniz için teşekkürler
beezee konook ettee-eeneez eecheen teshekkewrler

asansör	lift
banyo	bath
birinci kat	first floor
boş	vacancies
dolu	full
duş	shower
giriş holü	foyer
iki kişilik oda	double room
ikinci kat	second floor
kat	floor; storey
kiralık oda	rooms to rent
klima	air conditioning
komple kahvaltı	full/English breakfast
müdür	manager
oda numarası	room number
oda servisi	room service
öğle yemeği	lunch
pansiyon	bed only; in a private house
sıcak/soğuk su	hot/cold water
tam pansiyon	full board
yangın çıkışı	fire escape
yangın söndürme aleti	fire extinguisher
yarım pansiyon	half board
yemek salonu	dining room

EATING OUT

dessert	tatlılar *tatluhlar*
drink (*noun*)	içki *eechkee*
eat	yemek *yemek*
food	yiyecek *yee-yejek*
menu	yemek listesi *yemek leestesee*
restaurant	lokanta *lokanta*
service	servis *servees*
starter	meze *meze*
tip	bahşiş *bahsheesh*
waiter	garson *garson*
waitress	garson kız *garson kuhz*

a table for three, please
üç kişilik bir masa, lütfen
ewch keesheeleek beer masa lewtfen

can I see the menu?
yemek listesini görebilir miyim?
yemek leesteseenee gurebeeleer meeyeem

we'd like to order
yemek siparişimizi vermek istiyorduk
yemek seepareesheemeezee vermek eesteeyordook

what do you recommend?
ne tavsiye edersiniz?
neh tavsee-yeh ederseeneez

I'd like . . . please
bana . . . lütfen
bana . . . lewtfen

waiter!/waitress!
garson!/garson hanım!
garson/garson hanuhm

could we have the bill, please?
hesabı getirir misiniz, lütfen
hesabuh geteereer meeseeneez lewtfen

two white coffees please
iki sütlü neskafe, lütfen
eekee sewtlew neskafeh lewtfen

that's for me
o, bana
o bana

some more bread please
biraz daha ekmek, lütfen
beeraz daha ekmek lewtfen

a bottle of red/white wine please
bir şişe kırmızı/beyaz şarap, lütfen
beer sheesheh kuhrmuhzuh/bay-az sharap lewtfen

balık lokantası	fish restaurant
bozacı	café specialising in fermented millet drink
büfe	sandwich bar
çay bahçesi	open air tea garden
gazino	restaurant with entertainment
işkembeci	restaurant specialising in tripe soup
kebabçı	meat restaurant
kendin pişir-kendin ye	self-service barbecue restaurant
lahmacuncu	restaurant specialising in pancakes with spicy meat topping
lokanta	restaurant
meze	starter
muhallebici	café specialising in rice flour pudding
pastane	café and cake shop
pideci	restaurant specialising in pitta bread with various toppings
servis dahildir	service charge included
servis ücreti	service charge
vestiyer	cloakroom

TURKISH MENU READER

(see also dictionary section)

Adana kebabı spicy hot meatballs
alabalık trout
Arnavut ciğeri 'Albanian' spicy fried liver with onions
aşure 'Noah's pudding' – a dessert with wheat grains, nuts and dried fruit
baklava pastry filled with nuts and syrup
balık pilaki fish baked with potatoes, carrots, celery and onions
barbunya pilakisi dried beans cooked in olive oil and served hot or cold
barbunya tava fried red mullet
beyaz peynirli makarna noodles with white cheese
beyin salatası brain salad
beyin tava slices of brain in batter
böbrek sote sautéed kidneys
börek layered pastry with cheese/meat/spinach filling
bulgur pilavı cracked wheat cooked with tomatoes
Bursa kebabı grilled lamb on pitta bread with tomato sauce and yoghurt
bülbül yuvası dessert with nuts and syrup
ciğer sarması minced liver wrapped in lamb's fat
ciğer tava fried liver
Çerkez tavuğu 'Circassian' cold chicken in walnut sauce with garlic
çılbır poached eggs with yoghurt
çiğ köfte raw meatballs: a dish made of minced meat, pounded wheat and chilli powder
çiroz salted dried mackerel
çoban salatası mixed tomatoes, peppers, cucumbers and onion salad
çöp kebabı small pieces of lamb baked on wooden spits
dana rozbif roast veal
dil ox tongue
dilber dudağı lip-shaped sweet pastry with nut filling
domatesli pirinç çorbası rice and tomato soup

domates salçalı patlıcan kızartması fried aubergines with tomato and garlic sauce
döner kebab lamb grilled on a spit and served in thin slices, usually served with rice and salad
düğün çorbası 'wedding' soup made of meat stock, yoghurt and egg
ekmek kadayıfı sweet pastry
etli Ayşe kadın meat with green beans
etli bezelye meat stew with peas
etli biber dolması peppers stuffed with rice and meat
etli bulgur pilavı cracked wheat with meat
etli domates dolması tomatoes stuffed with meat and rice
etli kabak dolması marrows stuffed with meat and rice
etli kapuska cabbage stew with meat
etli kuru fasulye lamb and haricot beans in tomato sauce
etli lahana dolması cabbage leaves stuffed with meat and rice
etli nohut chickpea and meat stew
etli yaprak dolması vine leaves stuffed with rice and meat
ezo gelin çorbası lentil and rice soup
fasulye pilaki beans in olive oil
fasulye piyazı bean and onion salad
fava broad bean purée
güllaç rice wafers stuffed with nuts, cooked in rose-flavoured milky syrup
güveç meat and vegetable stew
hanım parmağı 'Lady's Fingers' – finger-shaped pastry sticks in syrup
havuç salatası shredded carrot salad
helva sweet normally made from cereals, nuts, sesame oil and honey
hindi dolması stuffed turkey
hoşaf stewed fruit
hünkar beğendi 'Sultan's Delight' – lamb served with aubergine purée
ıspanaklı börek spinach wrapped in thin pastry
ıspanaklı yumurta eggs with spinach

ızgara balık grilled fish
ızgara köfte grilled meatballs
içli köfte meatballs stuffed with cracked wheat
iç pilav rice with currants, pine nuts and onions
imam bayıldı split aubergine with tomatoes and onions, eaten cold with olive oil
irmik helvası semolina helva
islim kebabı steamed kebab
işkembe çorbası tripe soup
kabak kızartması fried marrows
kabak tatlısı pumpkin with syrup and walnuts
kadın budu köfte 'Lady's Thighs' – meat and rice croquettes
kadın göbeği 'Lady's Navel' – a ring-shaped syrupy pastry
kağıt kebabı lamb and vegetables in paper
kağıtta barbunya red mullet grilled in paper wrapping
karışık dondurma mixed ice cream
karışık ızgara mixed grill
karides tavası prawns fried in batter
karnıbahar tavası fried cauliflower
karnıyarık split aubergine with meat filling
kaşar peynirli makarna noodles with 'kaşar', a mild yellow cheese
kazan dibi pudding with a caramel base
kefal pilakisi mullet cooked in olive oil with vegetables
kereviz celery
keşkek lamb with wheat
keşkül almond pudding
kılıç ızgara grilled swordfish
kılıç şiş swordfish on skewers
kırmızı mercimek çorbası red lentil soup
kısır cracked wheat and paprika
kış türlüsü stewed winter vegetables
kıymalı with minced meat
kıymalı pide pitta bread with meat filling
kıymalı yumurta eggs with minced meat
koç yumurtası 'ram's eggs' – a delicacy made from ram's testicles
kokoreç lamb's intestines grilled on a spit

komposto cold stewed fruit
krem karamel crème caramel
kuru köfte fried meatballs
kuru yemiş dried fruit and nuts
kuskus pilavı cous-cous – cooked semolina, usually served with meat
kuzu fırında roast leg of lamb
kuzu kapama lamb with lettuce
kuzu pirzolası grilled lamb chops
lahana dolması stuffed cabbage leaves
lahmacun pancakes with spicy meat topping
levrek sea bass
lokum Turkish Delight
lüfer bluefish
makarna noodles
mantar mushrooms
mantı type of ravioli
maydanoz parsley
menba suyu spring water
menemen omelette with tomatoes and peppers
mercan bream
mersin balığı sturgeon
meşrubat soft drinks
meyva suyu fruit juice
midye dolması stuffed mussels
midyeli pilav rice with mussels
midye pilakisi mussels cooked in oil with vegetables, served cold
midye tavası fried mussels
muhallebi rice flour and rosewater pudding
musakka moussaka
muska böreği triangles of pastry filled with cheese, parsley etc
mücver vegetable patties
nemse böreği meat pie with puff pastry
nohut chickpeas
nohutlu paça lamb's trotters with chickpeas
nohutlu yahni lamb and chickpeas
orman kebabı veal or lamb first fried then cooked with vegetables
paça çorbası lamb's trotters soup

palamut tunny
pancar turşusu pickled beetroot
pastırma cummin and garlic cured beef
pastırmalı yumurta fried eggs with 'pastırma'
patates kızartması chips
patates köftesi potato and cheese balls
patates püresi creamed potatoes
patates salatası potato salad
patlıcan kebabı aubergine wrapped around pieces of meat and roasted
patlıcan kızartması fried aubergines with garlic sauce
patlıcanlı pilav rice with aubergines
patlıcan salatası aubergine purée
pavurya crab
peynirli omlet cheese omelette
peynirli pide cheese pitta bread
peynir tatlısı small cheese cakes in syrup
pilavlı tavuk chicken and rice
piliç ızgarası grilled chicken
pisi balığı plaice
poğaça pastries with meat or cheese filling
puf böreği meat or cheese pastries
revani sweet semolina pastry
roka kind of watercress
rus salatası Russian salad
sahanda yumurta fried eggs
sahlep drink made from 'sahlep' root in hot milk and cinnamon
salça tomato sauce or paste
salçalı köfte meatballs in tomato sauce
saray lokması fried batter dipped in syrup
sarığı burma 'Twisted Turban' – turban-shaped 'baklava'
sebze çorbası vegetable soup
semizotu purslane – a herb mixed in salads or stewed
sigara böreği cigarette-shaped fried pastry filled with cheese, parsley etc
soğan dolması stuffed onions
su böreği layered pastry
su muhallebisi rice flour pudding with rosewater
supanglez chocolate pudding

sütlaç rice pudding
şam tatlısı dessert with syrup
şehriye çorbası vermicelli soup with lemon
şehriyeli pilav pilav with vermicelli
şekerpare small cakes with syrup
şiş kebabı small pieces of lamb grilled on skewers
şiş köfte grilled meatballs on skewers
talaş kebabı lamb baked in pastry
tarama roe pâté
tarator nut and garlic sauce
taratorlu karnıbahar cauliflower with nut and garlic sauce
tarhana çorbası traditional soup with dried yoghurt, tomato and pimento
tas kebabı diced lamb with rice
tatar böreği ravioli
tavuk çorbası chicken soup
tavuk göğsü chicken breast pudding – a creamy dessert with rice flour and finely shredded chicken
tel kadayıfı shredded wheat stuffed with nuts in syrup
terbiyeli haşlama boiled lamb with egg and lemon sauce
terbiyeli köfte meatballs with egg and lemon sauce
tulumba tatlısı semolina doughnut in syrup
türlü meat and vegetable stew
uskumru dolması stuffed mackerel
yahni meat stew with onions
yayla çorbası yoghurt soup
yoğurtlu kebap kebab with pitta bread and yoghurt
yoğurtlu paça lamb's trotters with yoghurt and garlic
yoğurt tatlısı yoghurt cake in syrup
yumurta egg
zerde saffron rice dessert
zeytinyağlı enginar artichokes in olive oil
zeytinyağlı patlıcan pilavı rice with aubergines in olive oil
zeytinyağlı pırasa leeks in olive oil
zeytinyağlı taze bakla fresh broad beans in olive oil
zeytinyağlı yeşil fasulye runner beans cooked in tomatoes and olive oil

HAVING A DRINK

bar	bar *bar*
beer	bira *beera*
coke (R)	koka kola *koka kola*
dry	sek *sek*
fresh orange	taze portakal suyu *tazeh portakal soo-yoo*
gin and tonic	cin-tonik *jin-toneek*
ice	buz *booz*
lager	bira *beera*
lemonade	gazoz *gazozl*
lemon juice	limonata *leemonata*
red	kırmızı *kuhrmuhzuh*
straight	sek *sek*
sweet	tatlı *tatluh*
vodka	vodka *vodka*
whisky	viski *veeskee*
white	beyaz *bay-az*
wine	şarap *sharap*

let's go for a drink
hadi gidip bir içki içelim
hadee geedeep beer eechkee eecheleem

a beer please
bir bira, lütfen
beer beera lewtfen

two beers please
iki bira, lütfen
eekee beera lewtfen

a glass of red/white wine
bir kadeh kırmızı/beyaz şarap
beer kadeh kuhrmuhzuh/bay-az sharap

with lots of ice
bolca buzlu
bolja boozloo

no ice thanks
buz istemez, sağol
booz eestemez sa-ol

can I have another one?
bir tane daha getirir misiniz?
beer taneh daha geteereer meeseeneez

the same again please
yine aynısından, lütfen
yineh i nuhsuhndan lewtfen

what'll you have?
siz ne alırsınız?
seez neh aluhrsuhnuhz

I'll get this round
bu sefer içkiler benden
boo sefer eechkeeler benden

not for me thanks
ben istemem, sağol
ben eestemem sa-ol

he's absolutely smashed
zom olmuş
zom olmoosh

açık çay	tea, diluted with hot water
ayran	yoghurt drink
çayevi	tea shop
demli çay	well-brewed strong tea
kafeterya	cafeteria
kahve	coffee shop (*usually men only*)
maden suyu	mineral water
neskafe	instant coffee
orta şekerli kahve	medium sweet Turkish coffee
rakı	Turkish national drink – distilled from grape juice and aniseed-flavoured
sade kahve	Turkish coffee, no sugar
sütlü kahve	white coffee
şekerli kahve	sweet Turkish coffee

COLLOQUIAL EXPRESSIONS

barmy kaçık *kachuhk*
bastard piç *peech*
bloke herif *hereef*
nutter deli *delee*
pissed sarhoş *sarhosh*
thickie kalın kafa *kaluhn kafa*
twit dangalak *dan-galak*

great!
harika!
hareeka

that's awful!
berbat birşey!
berbat beershay

shut up!
kapa çeneni!
kapa chenenee

ouch!
ah!, ay!
ah ī

yum-yum!
ımmm
uhmmm

I'm absolutely knackered
pestil gibiyim
pesteel geebeeyeem

I'm fed up
bıktım
buhktuhm

I'm fed up with . . .
. . . -den bıktım
. . . -den buhktuhm

COLLOQUIAL EXPRESSIONS

don't make me laugh!
güldürme beni!
gewldewrmeh benee

it's rubbish (*goods etc*)
beş para etmez
besh para etmez

it's a complete rip-off
tam bir kazık
tam beer kazuhk

get lost!
çek arabanı
chek arabanuh

it's a damn nuisance
bu tam bir baş belası
boo tam beer bash belasuh

I don't believe it!
hayret doğrusu!
hīret do-roosoo

Allah kahretsin!	damn!
aslan sütü	colloquial name for 'raki', the Turkish national drink
dünyalar benim oldu	I was over the moon
eline sağlık!	well done!
İnşallah	God willing
kuş beyinli	bird-brained
Maşallah!	how marvellous!
sudan ucuz	dirt cheap (*lit: cheaper than water*)

GETTING AROUND

bike	bisiklet *beeseeklet*
bus	otobüs *otobews*
car	araba *araba*
change (*trains*)	aktarma *aktarma*
garage (*for fuel*)	benzinci *benzeenjee*
hitch-hiking	oto-stop *oto-stop*
map	harita *hareeta*
moped	moped *moped*
motorbike	motosiklet *motoseeklet*
petrol	benzin *benzeen*
return (ticket)	gidiş-dönüş *geedeesh-durnewsh*
single	tek gidiş *tek geedeesh*
station	istasyon *eestas-yon*
taxi	taksi *taxee*
ticket	bilet *beelet*
train	tren *tren*
underground	tünel *tewnel*

I'd like to rent a car/moped
bir araba/moped kiralamak istiyordum
beer araba/moped keeralamak eesteeyordoom

how much is it per day?
günlüğü kaç lira?
gewnlew-ew kach leera

when do I have to bring the car back?
arabayı ne zaman geri getirmeliyim?
arabī-uh neh zaman geree geteermeleeyeem

I'm heading for . . .
. . . 'e gidiyorum
. . . -eh geedeeyoroom

how do I get to . . . ?
. . . 'e nasıl giderim?
. . . -eh nasuhl geedereem

REPLIES

dosdoğru, dümdüz
dosdo-roo, dewmdewz
straight on

sola/sağa dön
sola/sa-a durn
turn left/right

işte şu bina
eeshteh shoo beena
it's that building there

tam aksi yönde
tam aksee yurndeh
it's back that way

soldan birinci/ikinci/üçüncü
soldan beereenjee/eekeenjee/ewchewnjew
first/second/third on the left

we're just travelling around
dolaşıyoruz sadece
dolashuhyorooz sadejeh

I'm a stranger here
buraların yabancısıyım
booralaruhn yabanjuhsuhyuhm

is that on the way?
yolumun üstünde mi?
yoloomoon ewstewndeh mee

can I get off here?
burada inebilir miyim?
boorada eenebeeleer meeyeem

thanks very much for the lift
beni arabanıza aldığınız için teşekkürler
benee arabanuhza alduh-uhnuhz eechee teshekkewrler

two returns to . . . please
. . . 'e iki gidiş-geliş, lütfen
. . . -eh eekee geedeesh-geleesh lewtfen

what time is the last bus back?
dönüş için en son otobüs kaçta?
durnewsh eecheen en son otobews kachta

we want to leave tomorrow and come back the day after
yarın gidip öbürsü gün dönmek istiyoruz
yaruhn geedeep urbewsew gewn durnmek eesteeyorooz

we're coming back the same day
aynı gün dönüyoruz
ī nuh gewn durnew-yorooz

is this the right platform/stop for . . . ?
. . . peronu/durağı bu mu?
. . . peronoo/doora-uh boo moo

is this bus going to . . . ?
bu otobüs . . . 'e gidiyor mu?
boo otobews . . . -eh geedeeyor moo

which station is this?
bu hangi istasyon?
boo han-gee eestas-yon

which stop is it for . . . ?
. . . için nerede inmeliyim?
. . . eecheen neredeh eenmeleeyeem

can I take my bike on the bus?
bisikletimi otobüse alırlar mı?
beeseekleteemee otobewseh aluhrlar muh

how far is it to the nearest petrol station?
en yakın benzin istasyonuna ne kadar var?
en yakuhn benzeen eestas-yonoona neh kadar var

I need a new tyre
bana yeni bir lastik lazım
bana yenee beer lasteek lazuhm

it's overheating
fazla ısınıyor
fazla uhsuhnuh-yor

there's something wrong with the brakes
frenlerde birşey var
frenlerdeh beershay var

azami hız	speed limit
bagaj fişi	baggage receipt
bekleme salonu	waiting room
bilet	ticket
biletçi	conductor
çıkış	exit
çıkmaz yol	dead end
dikkat	caution
dolmuş	shared taxi, travels a fixed route
dur	stop
duracak	the bus is going to stop
ekspresyol	motorway
emanet	left luggage
gideceği yer	destination
giriş	entrance
hareket saati	time of departure
ilerleyelim lütfen!	please move forward!
koltuk	seat
köprü	bridge
Mavi Tren	Intercity train, Ankara-Istanbul
muavin	driver's assistant on inter-city coaches
otobüs garajı	bus/coach station
son durak	last stop
taksi durağı	taxi rank
tam bilet	full price ticket
taşıt trafiğine kapalı yol	closed to all vehicles
tehlike	danger
tek yönlü yol	one-way street
yavaş git	go slow
yolcu otobüsü	coach
yolda çalışma	roadworks
yol kapalı	road closed
yol ver	give way

SHOPPING

carrier bag	poşet *poshet*
cashdesk	kasa *kasa*
cheap	ucuz *oojooz*
cheque	çek *chek*
department	bölüm *burlewm*
expensive	pahalı *pahaluh*
market	pazar *pazar*
pay	ödeme *urdemeh*
receipt	makbuz *makbooz*
shop	dükkan *dewkkan*
shop assistant	tezgahtar *tezgahtar*
supermarket	süpermarket *sewpermarket*
till	kasa *kasa*

I'd like . . .
. . . istiyordum
. . . eesteeyordoom

have you got . . . ?
. . . var mı?
. . . var muh

how much is this?
bu kaça?; (*more polite*) bu ne kadar?
boo kacha; boo neh kadar

the one in the window
vitrindeki
veetreendekee

can I just have a look around?
şöyle bir bakınabilir miyim?
shurleh beer bakuhnabeeleer meeyeem

do you take credit cards?
kredi kartı alıyor musunuz?
kredee kartuh aluhyor moosoonooz

could I have a receipt please?
lütfen makbuz verir misiniz?
lewtfen makbooz vereer meeseeneez

I'd like to try it on
denemek istiyordum
denemek eesteeyordoom

it's too big/small
fazla büyük/küçük
fasla bewyewk/kewchewk

it's not what I'm looking for
aradığım bu değil
araduh-uhm boo deh-eel

that's too much
çok fazla
chok fazla

couldn't you make it cheaper?
daha aşağı olmaz mı?
daha asha-uh olmaz muh

I'll take it
alıyorum
aluhyoroom

alınan mal değiştirilmez	no refund or exchange
bijuteri	jewellery
deri mamulleri	leather goods
gümüş eşya	silverware
halıcı	carpet seller
kasadan fiş alınız	obtain ticket from the till
kırtasiye	stationery
kredi kartı kabul edilmez	credit cards not accepted
mağaza	shop
pazarlık edilmez	no bargaining
ucuzluk	sale
züccaciye	glassware and crockery

TURKEY AND THINGS TURKISH

Anadolu Yakası	Anatolian part of Istanbul
Anıtkabir	mausoleum of Atatürk in Ankara
Atatürk	founder of Turkish Republic (*name meaning 'Father of Turks' given to him by parliament*)
Ayasofya	St. Sophia Church in Istanbul
Boğazlar	The Bosphorus; the Dardanelles
davul-zurna	drum and pipe, national instruments for folk dances
dolmuş	shared taxi; operates on a fixed route; you pay for the distance you travel
Efes	Ephesus
halay	folk dance performed in a circle holding hands to the accompaniment of drum and pipe
Haliç	Golden Horn, section of the Bosphorus
kanun	musical instrument like a zither with 72 strings
Karadeniz	Black Sea
Karagöz-Hacivat	Turkish shadow show and its characters
Mevlevi	member of the order of whirling dervishes
Peri Bacaları	fairy chimneys, famous rock formations in central Anatolia
Rumeli Hisarı	fortress built by Mehmet II on the European side of the Bosphorus to control sea traffic
Rumeli Yakası	European part of Istanbul
saz	musical instrument with 6 strings
Sultan Ahmet Camisi	The Blue Mosque
T.C. (Türkiye Cumhuriyeti)	Turkish Republic

MONEY

bank	banka *banka*
bill	hesap *hesap*
bureau de change	kambiyo *kambeeyo*
cash dispenser	bankomatik *bankomateek*
change (*small*)	bozukluk *bozooklook*
cheque	çek *chek*
credit card	kredi kartı *kredee kartuh*
Eurocheque	Eurocheque *oyrochek*
exchange rate	kur *koor*
expensive	pahalı *pahaluh*
Turkish liras	Türk Lirası *tewrk leerasuh*
pounds (sterling)	(İngiliz) Sterlini *eengheeleez sterleenee*
price	fiyat *feeyat*
receipt	makbuz *makbooz*
traveller's cheque	seyahat çeki *sayahat chekee*

how much is it?
kaça?/ne kadar?
kacha/neh kadar

I'd like to change this into . . .
bunu . . . 'a değiştirmek istiyordum
boonoo . . . -a deh-eeshteermek eesteeyordoom

can you give me something smaller?
bana bunu bozar mısınız?
bana boonoo bozar muhsuhnuhz

can I use this credit card?
bu kredi kartını kullanabilir miyim?
boo kredee kartuhnuh koollanabeeleer meeyeem

can we have the bill please?
hesabı getirir misiniz, lütfen?
hesabuh geteereer meeseeneez lewtfen

please keep the change
üstü kalsın, lütfen
ewstew kalsuhn, lewtfen

does that include service?
servis buna dahil mi?
servees boona daheel mee

I think the figures are wrong
sanırım hesapta bir yanlışlık var
sanuhruhm hesapta beer yanluhshluhk var

I'm completely skint
beş parasızım
besh parasuhzuhm

The unit of currency is the 'lira' (*leera*). It is also known as 'Türk Lirası' (*tewrk leerasuh*) and is abbreviated as TL.

alış kuru	buying rate
banka	bank
çek	cheques
döviz	foreign currency
döviz alım belgesi	document for purchase of foreign currency
döviz kuru	exchange rate
faiz	interest
hesap	account; bill
ıngiliz sterlini	pound sterling
kambiyo	exchange
kasa	cash desk
KDV	VAT
kredi kartı	credit card
miktar	amount
satış kuru	selling rate
şube	branch
vezne	cash desk
veznedar	cashier

ENTERTAINMENT

band (*pop*)	orkestra *orkestra*
cinema	sinema *seenema*
concert	konser *konser*
disco	diskotek *diskotek*
film	filim *feeleem*
go out	çıkmak *chuhkmak*
music	müzik *mewzeek*
play (*theatre*)	oyun *o-yoon*
seat	yer *yer*
show	gösteri *gursteree*
singer	şarkıcı *sharkuhchuh*
theatre	tiyatro *tee-yatro*
ticket	bilet *beelet*

are you doing anything tonight?
bu akşam birşey yapıyor musun?
boo aksham beershay yapuh-yor moosoon

do you want to come out with me tonight?
bu akşam benimle çıkmak ister misin?
boo aksham beneemleh chuhkmak eester meeseen

what's on?
ne gösteri var?
neh gursteree var

have you got a programme of what's on in town?
şehirde olan-biteni gösteren bir programınız var mı?
sheheerdeh olan-beetenee gursteren beer programuhnuhz var muh

which is the best disco round here?
buralardaki en iyi diskotek hangisi?
booralardakee en eeyee diskotek han-geesee

let's go to the cinema/theatre
hadi sinemaya/tiyatroya gıdelim
hadee seenemī-a/tee-yatroya guhdeleem

ENTERTAINMENT

I've seen it
onu gördüm
onoo gurdewm

I'll meet you at 9 o'clock at the station
saat 9'da istasyonda buluşalım
sa-at dokoozda eestas-yonda boolooshaleem

can I have two tickets for tonight?
bu akşam için iki bilet verir misiniz?
boo aksham eecheen eekee beelet vereer meeseeneez

do you want to dance?
dans eder misin?
dans eder meeseen

do you want to dance again?
yine dans edelim mi?
yeeneh dans edeleem mee

thanks but I'm with my boyfriend
teşekkürler ama yalnız değilim, erkek arkadaşımlayım
teshekkewrler ama yalnuhz deh-eeleem erkek arkadashuhm-lī-uhm

let's go out for some fresh air
hadi çıkıp biraz hava alalım
hadee chuhkuhp beeraz hava alaluhm

will you let me back in again later?
sonra tekrar içeri girebilir miyim?
sonra tekrar eecheree geerebeeleer meeyeem

I'm meeting someone inside
içerde birisi ile buluşacağım
eecherdeh beereesee eeleh boolooshaja-uhm

aile gazinosu	family night club
aileye mahsus	only for family groups
alaturka müzik	Turkish music
balkon	circle
içkili	drinks served
içkisiz	no drinks allowed

THE BEACH

beach	plaj *plaJ*
beach umbrella	plaj şemsiyesi *plaJ shemseeyesee*
bikini	bikini *beekeenee*
dive	dalmak *dalmak*
sand	kum *koom*
sea	deniz *deneez*
sunbathe	güneşlenmek *gewneshlenmek*
suntan lotion	güneş losyonu *gewnesh los-yonoo*
suntan oil	güneş yağı *gewnesh ya-uh*
swim	yüzmek *yewzmek*
swimming costume	mayo *mī-o*
tan (*verb*)	bronzlaşmak *bronzlashmak*
towel	havlu *havloo*
wave	dalga *dalga*

let's go down to the beach
hadi plaja gidelim
hadee plaJa geedeleem

what's the water like?
su nasıl?
soo nasuhl

it's freezing
buz gibi
booz geebee

it's beautiful
enfes!
enfes

are you coming for a swim?
yüzmeye geliyor musun?
yewzmay-eh geleeyor moosoon

I can't swim
yüzme bilmiyorum
yewzmeh beelmeeyoroom

he swims like a fish
balık gibi yüzüyor
baluhk geebee yewzew-yor

will you keep an eye on my things for me?
eşyalarıma göz-kulak olur musunuz?
esh-yalaruhmuh gurz-koolak oloor moosoonooz

is it deep here?
burası derin mi?
boorasuh dereen mee

could you rub suntan oil on my back?
sırtıma biraz güneş yağı sürer misin?
suhrtuhma beeraz gewnesh ya-uh sewrer meeseen

I love sun bathing
güneş banyosuna bayılırım
gewnesh ban-yosoona bī-uhluhruhm

I'm all sunburnt
her tarafım güneş yanığı
her tarafuhm gewnesh yanuh-uh

you're all wet!
sırılsıklam olmuşsun
suhruhlsuhklam olmooshsoon

let's go up to the café
hadi, yukarı pastahaneye çıkalım
hadee yookaruh pastahanay-eh chuhkaluhm

çıplaklar kampı	nudist camp
denize girmek yasaktır	no swimming
derin	deep
kiralık mayo	swimming trunks for hire
kiralık sandal	boats for hire
plaj	beach
soyunma kabinleri	changing rooms

PROBLEMS

accident	kaza *kaza*
ambulance	ambulans *amboolans*
broken	kırık *kuhruhk*
doctor	doktor *doktor*
emergency	acil *ajeel*
fire	yangın *yanguhn*
fire brigade	itfaiye *eetfa-eeyeh*
ill	hasta *hasta*
injured	yaralı *yaraluh*
late	geç *gech*
out of order	bozuk *bozook*
police	polis *polees*

can you help me? I'm lost
yardım eder misiniz? yolumu kaybettim
yarduhm eder meeseeneez yoloomoo kībetteem

I've lost my passport
pasaportumu kaybettim
pasaportoomoo kībetteem

I've locked myself out of my room
odama giremiyorum, kapıda kaldım
odama geeremeeyoroom kapuhda kalduhm

my luggage hasn't arrived
bavullarım gelmedi
bavoollaruhm gelmedee

I can't get it open
açamıyorum
achamuh-yoroom

it's jammed
takıldı; (*coin etc*) sıkıştı
takuhlduh; suhkuhshtuh

PROBLEMS

I don't have enough money
yeteri kadar param yok
yeteree kadar param yok

I've broken down
arabam arıza yaptı
arabam aruhza yaptuh

this is an emergency
acil bir durum var
ajeel beer dooroom var

help!
imdat!
eemdat

it doesn't work
çalışmıyor
chaluhshmuh-yor

the lights aren't working in my room
odamdaki ışıklar çalışmıyor
odamdakee uhshuhklar chaluhshmuh-yor

the lift is stuck
asansör takıldı
asansur takuhlduh

I can't understand a single word
bir kelime bile anlamıyorum
beer keleemeh beeleh anlamuhyoroom

can you get an interpreter?
bir tercüman bulabilir misiniz?
beer terjewman boolabeeleer meeseeneez

the toilet won't flush
tuvalet çekmiyor
toovalet chekmeeyor

there's no plug in the bath
küvetin tıpası yok
kewveteen tuhpasuh yok

there's no hot water
sıcak su yok
suhjak soo yok

there's no toilet paper left
tuvalet kağıdı kalmamış
toovalet ka-uhduh kalmamuhs

I'm afraid I've accidentally broken the . . .
üzgünüm, kazayla . . . 'i kırdım galiba
ewzgewnewm kazīla . . . -ee kuhrduhm galeeba

this man has been following me
bu adam beni takip ediyor
boo adam benee takeep edeeyor

I've been mugged
saldırıya uğradım
salduhruh-ya oo-raduhm

my handbag has been stolen
el çantam çalındı
el chantam chaluhnduh

bozuk	out of order
cankurtaran	ambulance
ilk yardım	first aid
imdat!	help!
imdat çıkışı	emergency exit
imdat freni	emergency brake
itfaiye	fire brigade
kayıp eşya	lost property
kaza	accident
mecburi iniş	emergency landing
nöbetçi eczane	duty chemist
polis	police
sigorta	insurance
tehlike	danger
yangın tehlikesi	danger of fire
. . . yasaktır	no . . .
yüksek voltaj	high voltage

HEALTH

bandage	bandaj *bandaJ*
blood	kan *kan*
broken	kırık *kuhruhk*
burn	yanık *yanuhk*
chemist's	eczane *ej-zane*
contraception	doğum kontrolu *do-oom kontroloo*
dentist	dişci *deesh-jee*
disabled	özürlü *urzewrlew*
disease	hastalık *hastaluhk*
doctor	doktor *doktor*
health	sağlık *sa-luhk*
hospital	hastane *hastaneh*
ill	hasta *hasta*
nurse	hemşire *hemsheereh*
wound	yara *yara*

I don't feel well
kendimi iyi hissetmiyorum
kendeemee eeyee heessetmeeyoroom

it's getting worse
gittikçe kötüleşiyor
geetteekcheh kurtewlesheeyor

I feel better
kendimi daha iyi hissediyorum
kendeemee daha eeyee heessedeeyoroom

I feel sick
kendimi hasta hissediyorum
kendeemee hasta heessedeeyoroom

I've got a pain here
şuramda bir ağrı var
shewramda beer a-ruh var

it hurts
acıyor
ajuh-yor

he's got a high temperature
ateşi var
ateshee var

could you call a doctor?
doktor çağırabilir misiniz?
doktor cha-uhrabeeleer meeseeneez

is it serious?
ciddi mi?
jeeddee mee

will he need an operation?
ameliyat olması gerekli mi?
ameleeyat olmasuh gereklee mee

I'm diabetic
şeker hastasıyım
sheker hastasuhyuhm

keep her warm
sıcak tutun
suhjak tootoon

have you got anything for . . . ?
. . . 'a karşı birşeyiniz var mı?
. . . -a karshuh beershay-eeneez var muh

acil vaka	emergency
günde üç defa ikişer tablet alınız	take two tablets three times a day
hastane	hospital
merhem	ointment
muayenehane	surgery
pastil	pastilles; lozenges
poliklinik	out-patients' clinic
reçete	prescription
reçete ile satılır	prescription only
röntgen	x-ray
son kullanma tarihi	use before
suyla	with water
yemeklerden önce/sonra	before/after meals

SPORT

I want to learn to sailboard
sörf öğrenmek istiyorum
surf ur-renmek eesteeyoroom

can we hire a sailing boat?
yelkenli kiralayabilir miyiz?
yelkenlee keeralī-abeeleer meeyeez

how much is half an hour's waterskiing?
yarım saatlik su kayağı kaça?
yaruhm sa-atleek soo kī-a kacha

I'd like lessons in skin-diving
dalma dersi almak istiyordum
dalma dersee almak eesteeyordoom

we're on a sailing holiday
yelkenli ile tatil yapıyoruz
yelkenlee eeleh tateel yapuhyorooz

can we use the tennis court?
tenis kortunu kullanabilir miyiz?
tenees kortoonoo koollanabeeleer meeyeez

I'd like to go and watch a football match
bir futbol maçına gitmek istiyorum
beer footbol machuhna geetmek eesteeyoroom

is it possible to do any horse-riding here?
burada ata binme imkanı var mı?
boorada ata beenmeh eemkanuh var muh

we're going to do some hill-walking
biraz tepelerde dolaşacağız
beeraz tepelerdeh dolashaja-uhz

this is the first time I've ever tried it
bunu ilk kez deniyorum
boonoo eelk kez deneeyoroom

THE POST OFFICE

letter	mektup *mektoop*
parcel	paket *paket*
poste restante	post restant *post restant*
post office	postane *postaneh*
recorded delivery	taahhütlü *ta-ahhewtlew*
send	göndermek *gurndermek*
stamp	pul *pool*

how much is a letter to Ireland?
Irlanda'ya mektup ne kadar?
eerlanda-ya mektoop neh kadar

I'd like four . . . lira stamps
dört tane . . . liralık pul istiyordum
durt taneh . . . leeraluhk pool eesteeyordoom

I'd like six stamps for postcards to England
ıngiltere için altı kartpostal pulu istiyordum
eengeeltereh eecheen altuh kartpostal pooloo eesteeyordoom

is there any mail for me?
bana mektup var mı?
bana mektoop var muh

I'm expecting a parcel from . . .
. . . -den bir paket bekliyorum
. . . -den beer paket bekleeyoroom

havale	money order
koli	parcels
posta kutusu	post box
telgraf	telegram
uçakla	airmail
yurt dışı	abroad
yurt içi	inland

TELEPHONING

directory enquiries istihbarat *eesteehbarat*
engaged meşgul *meshgool*
number numara *noomara*
operator santral *santral*
phone (*verb*) telefon etmek *telefon etmek*
phone box telefon kulübesi *telefon koolewbesee*
telephone telefon *telefon*
telephone directory telefon rehberi *telefon rehberee*

is there a phone round here?
buralarda telefon bulunur mu?
booralarda telefon booloonoor moo

can I use your phone?
telefonunuzu kullanabilir miyim?
telefonoonoozoo koollanabeeleer meeyeem

I'd like to make a phone call to Britain
ıngiltere'ye bir telefon etmek istiyordum
eengeeltereh-yeh beer telefon etmek eesteeyordoom

I want to reverse the charges
ödemeli istiyorum
urdemelee eesteeyoroom

could I speak to Ayşe?
Ayşe ile görüşebilir miyim?
īsheh eeleh gurewshebeeleer meeyeem

hello, this is Simon speaking
alo, ben Simon
alo ben simon

can I leave a message?
mesaj bırakabilir miyim?
mesaJ buhrakabeeleer meeyeem

do you speak English?
ıngilizce biliyor musunuz?
eengeeleez-jeh beeleeyor moosoonooz

could you say that again very very slowly?
bir daha ve çok çok yavaş söyler misiniz?
beer daha veh chok chok yavash surler meeseeneez

could you tell him Jim called?
Jim aradı der misiniz?
jim araduh der meeseeneez

could you ask her to ring me back?
beni aramasını söyler misiniz?
benee aramasuhnuh surler meeseeneez

I'll call back later
sonra tekrar ararım
sonra tekrar araruhm

my number is . . .
benim numaram . . .
beneem noomaram

176 32 11
yüz yetmiş altı otuz iki on bir
yewz yetmeesh altuh otooz eekee on beer

just a minute please
bir dakika lütfen
beer dakeeka lewtfen

he's not in
yoklar
yoklar

sorry, I've got the wrong number
özür dilerim, yanlış numara
urzewr deelereem yanluhsh noomara

it's a terrible line
hat çok berbat
hat chok berbat

REPLIES

ayrılmayın
ıruhlmı-uhn
hold the line please

kim arıyordu?
keem aruhyordoo
who's calling?

atınız	insert
bekleyiniz	wait
bozuk	out of order
bozuk para	small change
çeviriniz	dial
çevir sesi	dialling tone
jeton	telephone token
kaldırınız	lift (*the receiver*)
meşgul	engaged
numara	number
ödemeli konuşma	reverse charge call
santral memuru	operator
uluslararası	international
umumi telefon	public telephone

THE ALPHABET

how do you spell it?
yazılışı nasıl?
*yazuhluhsh**uh** n**a**suhl*

I'll spell it
heceliyorum
*hejeleey**o**room*

a *a*	**ğ** *yoomooshak geh*	**n** *neh*	**t** *teh*
b *beh*	**h** *ha*	**o** *o*	**u** *oo*
c *jeh*	**ı** *uh*	**ö** *ur*	**ü** *ew*
ç *cheh*	**i** *ee*	**p** *peh*	**v** *veh*
d *deh*	**j** *Jeh*	**q** *ku*	**w** *doobluh veh*
e *eh*	**k** *ka*	**r** *reh*	**x** *eeks*
f *feh*	**l** *leh*	**s** *seh*	**y** *yeh*
g *geh*	**m** *meh*	**ş** *sheh*	**z** *zeh*

NUMBERS, THE DATE, THE TIME

0 sıfır *suhfuhr*
1 bir *beer*
2 iki *eekee*
3 üç *ewch*
4 dört *durt*
5 beş *besh*
6 altı *altuh*
7 yedi *yedee*
8 sekiz *sekeez*
9 dokuz *dokooz*

10 on *on*
11 on bir *on beer*
12 on iki *on eekee*
13 on üç *on ewch*
14 on dört *on durt*
15 on beş *on besh*
16 on altı *on altuh*
17 on yedi *on yedee*
18 on sekiz *on sekeez*
19 on dokuz *on dokooz*

20 yirmi *yeermee*
21 yirmi bir *yeermee beer*
22 yirmi iki *yeermeekee*
30 otuz *otooz*
35 otuz beş *otooz besh*
40 kırk *kuhrk*
50 elli *ellee*
60 altmış *altmuhsh*
70 yetmiş *yetmish*
80 seksen *seksen*
90 doksan *doksan*

100 yüz *yewz*
101 yüz bir *yewz beer*
200 iki yüz *eekee yewz*
300 üç yüz *ewch yewz*

400	dört yüz *durt yewz*
500	beş yüz *besh yewz*
600	altı yüz *alt**uh** yewz*
700	yedi yüz *yed**ee** yewz*
800	sekiz yüz *sek**ee**z yewz*
900	dokuz yüz *dok**oo**z yewz*
1,000	bin *been*
2,000	iki bin *eek**ee** been*
5,000	beş bin *besh been*
7,550	yedi bin beş yüz elli *yed**ee** been besh yewz ell**ee***
1,000,000	bir milyon *beer meel-**yon***
1st	birinci *beer**ee**njee*
2nd	ikinci *eek**ee**njee*
3rd	üçüncü *ewch**ew**njew*
4th	dördüncü *durd**ew**njew*
5th	beşinci *besh**ee**njee*
6th	altıncı *alt**uh**njuh*
7th	yedinci *yed**ee**njee*
8th	sekizinci *sekeez**ee**njee*
9th	dokuzuncu *dokooz**oo**njoo*
10th	onuncu *on**oo**njoo*

what's the date today?
bugünkü tarih ne?
*boog**ew**nkew tar**ee**h neh*

it's the 12th of January 1994
on iki ocak 1994
*on eek**ee** oj**a**k been dok**oo**z yewz doks**a**n durt*

what time is it?
saat kaç?
*s**a**-at kach*

it's midday/midnight
öğle vakti/gece yarısı
*url**eh** vakt**ee**/gej**eh** yaruhs**uh***

it's one/three o'clock
(saat) bir/üç
(sa-at) beer/ewch

it's half past eight
(saat) sekiz buçuk
(sa-at) sekeez boochook

it's a quarter past five/it's a quarter to five
beşi çeyrek geçiyor/beşe çeyrek var
beshee chayrek gecheeyor/besheh chayrek var

it's ten past seven
yediyi on geçiyor
yedeeyee on gecheeyor

it's twenty to nine
dokuza yirmi var
dokooza yeermee var

it's six a.m./it's six p.m.
sabahın altısı/öğleden sonra altı
sabahuhn altuhsuh/ur-leden sonra altuh

(*using 24 hour clock*) altı/on sekiz
altuh/on sekeez

at two p.m./at five p.m.
öğleden sonra ikide/öğleden sonra beşde
urleden sonra eekeedeh/ur-leden sonra beshdeh

(*using 24 hour clock*) on dörtte/on yedide
on durteh/on yedeedeh

ENGLISH-TURKISH

a bir (*see grammar*)
about (*approx*) yaklaşık
above üstünde
abroad yurt dışında
accelerator gaz pedalı
accent aksan
accept kabul etmek
accident kaza
accommodation kalacak yer
accompany eşlik etmek
ache ağrı
adaptor adaptör
address adres
address book adres defteri
adult yetişkin
advance: in advance önceden; (*money*) peşin
advise öğütlemek
Aegean Ege
aeroplane uçak
afraid: I'm afraid (of) (. . .- den) korkarım
after sonra
afternoon öğleden sonra
aftershave tıraş losyonu
afterwards sonradan
again gene
against karşı
age yaş
agency acenta
agent temsilci
aggressive saldırgan
ago önce; **three days ago** üç gün önce
agree: I agree razıyım
AIDS AIDS
air hava; **by air** uçakla
air-conditioned klimalı
air-conditioning klima
air hostess hostes
airline havayolu
airmail: by airmail uçakla
airport havalimanı
alarm alarm
alarm clock çalar saat
alcohol alkol
alive canlı
all: all men/women bütün erkekler/kadınlar; **all the milk/all the beer** sütün hepsi/biranın hepsi; **all day** bütün gün; **all of it** hepsi
allergic: be allergic to . . . . . .-ye allerjisi var
all-inclusive her şey dahil
allow izin vermek
allowed serbest
all right: that's all right tamam
almost hemen hemen
alone yalnız
already bile
also de, da
alternator alternatör
although gerçi
altogether tümüyle
always her zaman
a.m.: at 5 a.m. sabah (saat) 5de
ambulance cankurtaran
America Amerika

American (*person*) Amerikalı; (*adjective*) Amerikan
among arasında
amp: 13-amp 13 amper
ancestor ata
anchor çapa
ancient eski
and ve
angina anjin
angry öfkeli
animal hayvan
Ankara Ankara
ankle ayak bileği
anniversary (*wedding*) (evlilik) yıldönümü
annoying can sıkıcı
anorak anorak
another başka; **another beer** bir bira daha
answer yanıt
answer (*verb*) yanıtlamak
ant karınca
antibiotic antibiyotik
antifreeze antifriz
antihistamine antihistamin
antique antika
antique shop antikacı
antiseptic antiseptik
any: have you got any butter/bananas? (hiç) tereyağınız/muzunuz var mı?; **I don't have any** hiç yok
anyway her neyse
apartment apartman dairesi
aperitif aperitif
apologize özür dilemek
appalling korkunç
appendicitis apandisit
appetite iştah
apple elma
apple pie elmalı tart
appointment randevu
apricot kayısı
April nisan
Arabic Arap
archaeology arkeoloji
area alan
arm kol
arrest tutuklamak
arrival varış
arrive varmak
art sanat
art gallery sanat galerisi
artificial yapma
artist sanatçı
as (*since*) için; **as beautiful as** kadar güzel
ashamed utanç içinde
ashtray kül tablası
Asia Asya
ask sormak
asleep uykuda
asparagus kuşkonmaz
aspirin aspirin
asthma astım
astonishing şaşırtıcı
at -da; **at the station** istasyonda; **at Betty's** Betty'nin yerinde; **at 3 o'clock** saat üçte
attractive çekici
aubergine patlıcan
audience seyirci
August ağustos
aunt (*maternal*) teyze; (*paternal*) hala
Australia Avustralya
Australian (*person*) Avustralyalı; (*adjective*) Avustralya
Austria Avusturya
automatic otomatik
autumn sonbahar
awake uyanık

awful berbat
axe balta
axle aks

baby bebek
baby-sitter çocuk bakıcısı
bachelor bekar
back arka; (*of body*) sırt; **the back wheel/seat** arka tekerlek/koltuk
backpack sırt çantası
bacon beykın
bad kötü
badly kötü
bag çanta; (*suitcase*) bavul
bake fırında pişirmek
baker's fırın
balcony balkon
bald kel
ball top
banana muz
bandage sargı
bank banka
bar bar
barbecue ızgara
barber berber, kuaför
barmaid barmen kız
barman barmen
basement bodrum
basket sepet
bath banyo
bathing cap bone
bathroom banyo
bath salts banyo tuzları
bathtub küvet
battery pil; (*for car*) akü
bazaar çarşı
be olmak (*see grammar*)
beach plaj
beans fasulye; **green beans** taze fasulye
beard sakal
beautiful güzel
because çünkü
become olmak
bed yatak; **single/double bed** tek/iki kişilik yatak; **go to bed** yatmak
bed linen yatak takımı
bedroom yatak odası
bee arı
beef sığır eti
beer bira
before önce
begin başlamak
beginner acemi
beginning başlangıç
behind arkada
beige bej
Belgian (*adjective*) Belçika
Belgium Belçika
believe inanmak
bell çan; (*for door*) zil
belong ait olmak
below altında
belt kemer
bend viraj
best: the best en iyi
better daha iyi
between arasında
bicycle bisiklet
big büyük, iri
bikini bikini
bill hesap
bird kuş
biro (*R*) tükenmez
birthday doğum günü; **happy birthday!** doğum gününüz kutlu olsun!
biscuit bisküvi
bit: a little bit biraz
bite ısırma; (*insect*) sokma

bitter acı
black siyah, kara
black and white siyah beyaz
blackberry böğürtlen
Black Sea Karadeniz
bladder mesane
blanket battaniye
bleach çamaşır suyu
bleed kanamak
bless: bless you! çok yaşa!
blind kör
blister su toplama
blocked tıkalı
blond sarışın
blood kan
blood group kan grubu
blouse bluz
blow-dry fön
blue mavi
boarding pass biniş kartı
boat kayık; (*larger*) gemi
body vücut
boil (*water*) kaynatmak
bolt sürgü
bolt (*verb*) sürgülemek
bomb bomba
bone kemik; (*in fish*) kılçık
bonnet (*car*) kaporta
book kitap
book (*verb*) yer ayırtmak
bookshop kitapçı
boot (*shoe*) çizme
boot (*car*) bagaj
border sınır
boring sıkıcı
born: I was born in 1963 1963' de doğdum
borrow ödünç almak
Bosp(h)orus İstanbul Boğazı
boss (*business*) patron; (*office*) şef
both: both of them her ikisi de
bottle şişe
bottle-opener şişe açacağı
bottom (*of sea, container*) dip; (*of body*) popo; **at the bottom of** altında, dibinde
bowl kase
box kutu
box office bilet gişesi
boy oğlan
boyfriend erkek arkadaş
bra sütyen
bracelet bilezik
brake fren
brake (*verb*) fren yapmak
brandy konyak
brave cesur
bread ekmek; **white/wholemeal bread** has/kepek ekmeği
break kırmak
break down arıza yapmak
breakdown (*car*) arıza; (*nervous*) sinir krizi
breakfast kahvaltı
breast göğüs
breastfeed meme vermek
breathe nefes almak
brick tuğla
bridge (*over river etc*) köprü
briefcase evrak çantası
bring getirmek
Britain Britanya
British İngiliz
brochure broşür
broke: I'm broke meteliksizim
broken kırık
brooch broş
broom süpürge
brother erkek kardeş
brother-in-law (*husband's/wife's brother*) kayınbirader; (*sister's husband*) enişte; (*wife's sister's husband*) bacanak

brown kahverengi
bruise çürük
brush fırça
Brussels sprouts Brüksel lahanası
bucket kova
building yapı
bulb (*light*) ampul
Bulgaria Bulgaristan
bull boğa
bumper tampon
bunk beds ranzalar
buoy şamandıra
burn yanık
burn (*verb*) yanmak, yakmak
bus otobüs
business iş
business trip iş seyahati
bus station otobüs terminali
bus stop otobüs durağı
busy (*line, person*) meşgul; (*road*) işlek
but ama
butcher's kasap
butter tereyağı
butterfly kelebek
button düğme
buy satın almak
by ile; **by car** otomobil ile
Byzantine Bizans

cabbage lahana
cabin (*ship*) kamara
cable car teleferik
café pastane
cagoule naylon yağmurluk
cake pasta
cake shop pastane
calculator hesap makinesi
calendar takvim
call çağırmak
calm down yatışmak
Calor gas (*R*) tüpgaz
camel deve
camera (*still*) fotoğraf makinesi; (*movie*) sinema kamerası
campbed portatif yatak
camping kamping
campsite kamping
can teneke kutu
can: I can . . . . . . ebilirim; **she can . . .** . . . ebilir; **can you . . .?** . . . ebilir misiniz?
Canada Kanada
Canadian (*person*) Kanadalı; (*adjective*) Kanada
canal kanal
cancel iptal etmek
candle mum
canoe kano
cap kasket; (*bottle*) kapak
captain kaptan
car otomobil
caravan karavan
caravan site mocamp
carburettor karbüratör
card kart; (*business*) kartvizit
cardboard karton
cardigan hırka
car driver sürücü
care: take care of ilgilenmek
careful dikkatli; **be careful!** dikkat et!
car park otopark
carpet halı
car rental otomobil kiralama
carriage vagon
carrot havuç
carry taşımak
carry-cot portbebe
cash: pay cash nakit ödemek

cash desk kasa
cash dispenser bankomatik
cassette kaset
cassette player kasetli teyp
castle kale
cat kedi
catch yakalamak
cathedral katedral
Catholic Katolik
cauliflower karnabahar
cause neden
cave mağara
ceiling tavan
cemetery mezarlık
centigrade santigrat
central heating kalorifer
centre orta
century yüzyıl
certificate belge
chain zincir
chair iskemle
chairlift telesiyej
chambermaid oda hizmetçisi
chance: by chance tesadüfen
change (*small*) bozuk para
change (*verb*) değiştirmek; (*clothes*) üstünü değiştirmek; **change trains** aktarma yapmak
changeable (*weather*) değişken
Channel Manş (Denizi)
charter flight çartır (seferi)
cheap ucuz
check (*verb*) kontrol etmek
check-in bagaj kayıt, çekin
cheers! (*drinking*) şerefe!; (*thanks*) sağol
cheese peynir
chemist's eczane
cheque çek
cheque book çek defteri
cheque card çek kartı
cherry kiraz
chest göğüs
chestnut kestane
chewing gum çiklet
chicken tavuk; (*meat*) tavuk eti
child çocuk
children's portion çocuk porsiyonu
chin çene
chips patates kızartması
chocolate çikolata; **milk chocolate** sütlü çikolata; **plain chocolate** sütsüz çikolata; **hot chocolate** kakao
choke (*on car*) jikle
choose seçmek
chop (*meat*) pirzola
Christian (*noun*) Hıristiyan
Christian name ad
Christmas Noel
church kilise
cider elma şarabı
cigar puro
cigarette sigara
cinema sinema
city şehir
city centre şehir merkezi
class sınıf; **first class** birinci sınıf; **second class** ikinci sınıf
classical music klasik müzik
clean (*adjective*) temiz
clean (*verb*) temizlemek
cleansing cream temizleyici krem
clear (*obvious*) açık
clever akıllı
cliff yar
climate iklim
cloakroom (*coats*) vestiyer
clock saat

close (*verb*) kapatmak
closed kapalı
clothes giyim eşyası
clothes peg çamaşır mandalı
cloud bulut
cloudy bulutlu
club kulüp
clutch debriyaj
coach yolcu otobüsü
coast kıyı
coat palto
coathanger askı
cockroach hamamböceği
cocktail kokteyl
cocoa kakao
coffee kahve; **white coffee** sütlü kahve
cold soğuk; **it's cold** hava soğuk
cold (*illness*) soğuk algınlığı; **I've got a cold** soğuk aldım
cold cream yüz kremi
collar yaka
collection koleksiyon
colour renk
colour film renkli filim
comb taramak
come gelmek; **come back** dönmek; **come in!** giriniz!
comfortable rahat
compact disc kompakt disk
company (*business*) şirket
compartment kompartıman
compass pusula
complain şikayet etmek
complicated karmaşık
compliment övgü
computer bilgisayar
concert konser
conditioner balsam
condom prezervatif
conductor (*bus*) biletçi
confirm doğrulamak
congratulations! tebrikler!
connection bağlantı
constipated kabız
consulate konsolosluk
contact (*verb*) ilişki kurmak
contact lenses kontak lensleri
contraceptive gebeliği önleyici
cook ahçı
cook (*verb*) pişirmek
cooker ocak
cooking utensils kap kacak
cool serin
corkscrew tirbuşon
corner köşe
correct doğru
corridor koridor
cosmetics makyaj malzemesi
cost (*verb*) mal olmak
cot çocuk yatağı
cotton pamuk
cotton wool idrofil pamuk
couchette ranza
cough öksürük
cough (*verb*) öksürmek
country ülke
countryside kır, kırsal alanlar
course: of course elbette
cousin (*male*) kuzen; (*female*) kuzin
cow inek
crab yengeç
crafts el sanatları
cramp kramp
crankshaft krank mili
crash çarpışma
crayfish istakoz; (*small*) kerevit
cream krema
credit card kredi kartı
Crete Girit
crew mürettebat
crisps cips

crockery tabak çanak
cross (*verb*) geçmek
crowd kalabalık
crowded kalabalık
cruise deniz gezisi
crutches koltuk değnekleri
cry ağlamak
cucumber salatalık
cup fincan
current (*noun*) akım
current geçer
curry zerdeçallı karışık baharat
curtain perde
custom gelenek
Customs Gümrük
cut (*verb*) kesmek
cutlery çatal bıçak
cycling bisiklet sporu
cyclist bisikletli
cylinder head gasket motor kapak contası
Cyprus Kıbrıs

dad baba
damage (*verb*) zarar vermek
damp nemli
dance (*verb*) dans etmek
danger tehlike
dangerous tehlikeli
Dardanelles Çanakkale Boğazı
dare cesaret etmek
dark karanlık
dashboard kumanda tablosu
date (*time*) tarih
daughter kız(evlat)
daughter-in-law gelin
day gün; **the day before yesterday** evvelki gün; **the day after tomorrow** öbür gün
dead ölü
deaf sağır
dear değerli, pahalı
death ölüm
decaffeinated kafeinsiz
December aralık
decide karar vermek
deck güverte
deck chair şezlong
deep derin
delay gecikme
deliberately bile bile
delicious nefis
demand talep etmek
dentist dişçi
dentures protez
deodorant deodoran
departure kalkış
depend: it depends duruma göre; **it depends on . . .** . . .'a bağlı
depressed kederli
dessert tatlı
develop (*photographs*) develope etmek
device alet
diabetic şeker hastası
dialect ağız
dialling code telefon kodu
diamond elmas
diarrhoea ishal
diary günce
dictionary sözlük
die ölmek
diesel (*fuel*) mazot
diet perhiz
different başka
difficult zor
dining car vagon restoran
dining room yemek salonu

dinner akşam yemeği; **have dinner** akşam yemeği yemek
direct direkt
direction yön
directory enquiries bilinmeyen numaralar
dirty kirli
disabled özürlü
disappear kaybolmak
disappointed hayal kırıklığına uğramış
disaster felaket
disco disko
disease hastalık
disgusting iğrenç
disinfectant dezenfektan
distance uzaklık
distributor distribütör
district (*in town*) semt
disturb rahatsız etmek
dive dalmak
divorced boşanmış
do yapmak; **that'll do nicely** (böyle)tamam
doctor doktor
document belge
dog köpek
doll bebek
donkey eşek
door kapı
double çift
double room iki kişilik oda
down: I feel a bit down moralim bozuk; **down there** aşağıda
downstairs alt katta
draught hava ceryanı
dream rüya
dress elbise; (*someone*) giydirmek; (*oneself*) giyinmek
dressing gown sabahlık
drink içecek; (*alcoholic*) içki
drink (*verb*) içmek
drinking water içme suyu
drive (*car*) sürmek
driver sürücü
driving licence şoför ehliyeti
drop damla
drop (*verb*) düşürmek
drug (*narcotic*) uyuşturucu
drunk sarhoş
dry kuru
dry (*verb*) kurutmak
dry-cleaner kuru temizleyici
duck ördek
durex (*R*) prezervatif
during sırasında
dustbin çöp tenekesi
Dutch Hollanda
duty-free gümrüksüz
duty-free shop Duty-Free

each her
ear kulak
early erken
earring(s) küpe
earth toprak
east doğu; **east of . . .** . . .'in doğusu
Easter Paskalya
easy kolay
eat yemek
egg yumurta; **boiled egg** haşlanmış yumurta; (*soft-boiled*) rafadan yumurta
egg cup yumurta kabı
either . . . or . . . ya . . . ya . . .
elastic esnek
Elastoplast (*R*) plaster
elbow dirsek

electric elektrikli
electricity elektrik
else: something else başka bir şey
elsewhere başka bir yerde
embarrassing utandırıcı
embassy elçilik
emergency acil durum
emergency exit tehlike çıkışı
empty boş
end son
engaged (*toilet, phone*) meşgul; (*to be married*) nişanlı
engine motor; (*train*) lokomotif
England İngiltere
English İngiliz; **the English** İngilizler
English girl/woman İngiliz kadın
Englishman İngiliz
enlargement büyütme
enough yeter; **that's enough** bu kadar yeter
enter girmek
entrance giriş
envelope zarf
epileptic saralı
especially özellikle
Eurocheque Eurocheque
Europe Avrupa
European (*person*) Avrupalı
European (*adjective*) Avrupa
even: even men erkekler bile; **even if . . .** . . .-sa bile; **even more beautiful** daha da güzel
evening akşam; **good evening** iyi akşamlar
every her; **every time** her defasında; **every day** her gün
everyone herkes
everything herşey
everywhere her yerde
exaggerate abartmak
example örnek; **for example** örneğin
excellent mükemmel
except: except . . . . . . dışında
excess baggage fazla bagaj
exchange değiştirmek
exchange rate döviz kuru
exciting heyecan verici
excuse me affedersiniz
exhaust egzos
exhibition sergi
exit çıkış
expensive pahalı
explain açıklamak
extension lead uzatma kablosu
eye göz
eyebrow kaş
eyeliner rimel
eye shadow far

F

face yüz
factory fabrika
faint (*verb*) bayılmak
fair (*funfair*) panayır
fair (*adjective*) adil
fall düşmek
false sahte
family aile
famous ünlü
fan vantilatör
fan belt vantilatör kayışı
far (away) uzak
farm çiftlik
farmer çiftçi

fashion moda
fashionable modaya uygun
fast hızlı
fat (*noun*) yağ
fat (*adjective*) şişman
father baba
father-in-law kayınpeder
fault: it's my fault/it's his fault benim hatam/onun hatası
faulty arızalı
favourite: my favourite . . . en beğendiğim . . .
fear korku
February şubat
fed up: I'm fed up (with . . .) (. . .-den) bıktım
feel hissetmek; **I feel unwell** kendimi kötü hissediyorum; **I feel like . . .** canım . . . istiyor
feeling duygu
felt-tip pen keçe uçlu kalem
feminist feminist
fence parmaklık
ferry feribot
fever ateş
few: few tourists pekaz turist; **a few** birkaç
fez fes
fiancé, fiancée nişanlı
field tarla
fight kavga
fight (*verb*) kavga etmek
fill doldurmak
fillet fileto
filling (*tooth*) dolgu
film filim
filter filtre
find bulmak
fine (*penalty*) ceza
fine (*adjective*) hoş
finger parmak
fingernail tırnak
finish bitirmek
fire ateş; (*blaze*) yangın
fire brigade itfaiye
fire extinguisher yangın söndürme cihazı
fireworks havai fişek
first ilk
first (*firstly*) önce
first aid ilk yardım
first class birinci sınıf
first floor birinci kat
first name ad
fish balık
fishbone kılçık
fishing balıkçılık
fishmongers balıkçı
fit (*healthy*) formda
fizzy gazlı
flag bayrak
flash flaş
flat daire
flat (*adjective*) düz; (*tyre*) inik lastik
flavour tat
flea pire
flight uçak seferi
flirt flört etmek
floor (*of room*) yer; (*storey*) kat
florist çiçekçi
flour un
flower çiçek
flu grip
fly sinek
fly (*verb*) uçmak
fog sis
folk music halk müziği
follow takip etmek
food yiyecek
food poisoning gıda zehirlenmesi
foot ayak; **on foot** yayan

football futbol
for için; **for Ahmet** Ahmet için
forbidden yasak
forehead alın
foreign yabancı
foreigner yabancı
forest orman
forget unutmak
fork çatal; (*in road*) yol ayrımı
form formüler
fortnight iki hafta
fortunately bereket versin
forward (*mail*) iletmek
foundation cream fondöten
fountain çeşme
fracture kırık
France Fransa
free serbest; (*of charge*) bedava
freezer buzluk
French Fransız
fresh (*weather*) serin; (*fruit etc*) taze
Friday cuma
fridge buzdolabı
friend arkadaş
from: from Bodrum to Istanbul Bodrum'dan İstanbul'a
front (*part*) ön; **in front of . . .** . . .-in önünde
frost don
frozen food dondurulmuş yiyecekler
fruit meyva
fry kızartmak
frying pan tava
full dolu
full board tam pansiyon
fun: have fun eğlenmek
funeral cenaze
funnel (*for pouring*) huni
funny (*strange*) garip; (*amusing*) komik
furious kızgın
furniture mobilya
further ileride
fuse sigorta
future gelecek

game (*to play*) oyun; (*meat*) av eti
garage servis istasyonu; (*parking*) garaj
garden bahçe
garlic sarmısak
gas gaz
gas permeable lenses gaz geçirgen lensler
gauge ölçek
gay homoseksüel
gear vites
gearbox vites kutusu
gear lever vites kolu
gentleman beyefendi
gents (*toilet*) erkekler tuvaleti
genuine gerçek
German Alman
Germany Almanya
get (*obtain*) almak; (*fetch*) getirmek; **can you tell me how to get to . . .?** . . .a nasıl gidilir, söyleyebilir misiniz?; **get back** (*return*) dönmek; **get in** (*car*) girmek; **get off** inmek; **get up** kalkmak; **get out!** defol!
gin cin
gin and tonic cintonik

girl kız
girlfriend kız arkadaş
give vermek; **give back** iade etmek
glad memnun
glass bardak
glasses gözlük
gloves eldiven
glue zamk
go gitmek; **go in** girmek; **go out** çıkmak; **go down** inmek; **go up** çıkmak; **go through** geçmek; **go away** çekilip gitmek; **go away!** çekil!
goat keçi
God Allah; (*god*) tanrı
gold altın
golf golf
good iyi
goodbye hoşça kal
goose kaz
got: have you got...? ...ınız var mı?
government hükümet
grammar gramer
grandfather büyükbaba
grandmother büyükanne
grapefruit greypfrut
grapes üzüm
grass (*wild*) ot; (*in garden*) çimen
grateful minnettar
greasy yağlı
Greece Yunanistan
Greek (*adjective*) Yunan; (*ethnic Greek*) Rum
Greek (*person*) Yunanlı; (*ethnic Greek*) Rum
green yeşil
greengrocer manav
grey gri
grilled ızgara
grocer's bakkal
ground floor zemin kat
group grup
guarantee garanti
guest misafir
guesthouse pansiyon
guide rehber
guidebook rehber
guitar gitar
gun (*pistol*) tabanca; (*rifle*) tüfek

habit alışkanlık
hail (*ice*) dolu
hair saç
haircut saç tıraşı
hairdresser berber, kuaför
hair dryer saç kurutma makinesi
hair spray saç spreyi
half yarım; **half a litre/day** yarım litre/gün; **half an hour** yarım saat
half board yarım pansiyon
ham jambon
hamburger hamburger
hammer çekiç
hand el
handbag el çantası
handbrake el freni
handkerchief mendil
handle kol
hand luggage el bagajı
handsome yakışıklı
hanger askı
hangover akşamdan kalmışlık
happen olmak

happy mutlu; **happy Christmas!** Noeliniz kutlu olsun!; **happy New Year!** Yeni Yılınız kutlu olsun!
harbour liman
hard sert
hard lenses sert lensler
hat şapka
hate nefret etmek
have (*own*) sahip olmak; **can I have . . .?** . . . verir misiniz?; **I don't have any money/time** param/zamanım yok; **do you have time?** zamanın var mı?; **I have to . . .** . . . malıyım
hay fever saman nezlesi
hazelnut fındık
he o (*see grammar*)
head baş
headache başağrısı
headlights farlar
healthy sağlıklı
hear duymak
hearing aid işitme cihazı
heart kalp
heart attack kalp krizi
heat sıcaklık
heater radyatör
heating ısıtma
heavy ağır
heel topuk
helicopter helikopter
hello merhaba
help yardım; **help!** imdat!
help (*verb*) yardım etmek
her (*possessive*) onun; (*direct object*) onu (*see grammar*)
herbs çeşni veren otlar
here burası; **here's Ahmet** işte Ahmet
hers onunki (*see grammar*)
hiccups hıçkırık
hide saklamak
high yüksek
highway code trafik kanunu
hill tepe
him onu, ona (*see grammar*)
hip kalça
hire: for hire kiralık
his onun; **it's his** bu onunki (*see grammar*)
history tarih
hit vurmak
hitchhike otostop yapmak
hitchhiking otostop
hobby merak
hold tutmak
hole delik
holiday tatil; (*public*) resmi tatil; **summer holidays** yaz tatili
Holland Hollanda
home: at home evde; **go home** eve gitmek
homemade evde yapılmış
homesick: I'm homesick yurdumu özledim
honest dürüst
honey bal
honeymoon balayı
hookah nargile
hoover (*R*) elektrik süpürgesi
hope ummak
horn klakson
horrible korkunç
horse at
horse riding binicilik
hospital hastane
hospitality konukseverlik
hot sıcak; (*to taste*) acılı
hotel otel
hot-water bottle sıcak su torbası
hour saat

house ev
how? nasıl?; **how are you?** nasılsınız?; **how are things?** ne haber?; **how many?** kaç tane?; **how much?** ne kadar?
humour mizah
hungry: I'm hungry acıktım
hurry (*verb*) acele etmek; **hurry up!** acele et!
hurt incitmek
husband koca

I ben (*see grammar*)
ice buz
ice cream dondurma
ice lolly eskimo (*R*)
idea fikir
idiot budala
if eğer
ignition kontak
ill hasta
immediately hemen
important önemli
impossible imkansız
improve geliştirmek
in içinde; **in London** Londra'da; **in Turkey** Türkiye'de; **in English** İngilizce; **in 1945** 1945 de; **is he in?** içerde mi?
included dahil
incredible inanılmaz
independent bağımsız
indicator (*car*) sinyal
indigestion hazımsızlık
industry sanayi
infection enfeksiyon
information bilgi
information desk danışma masası
injection iğne
injured yaralı
inner tube iç lastik
innocent masum
insect böcek
insect repellent böcek ilacı
inside içeri
insomnia uykusuzluk
instant coffee neskafe (*R*)
instructor öğretmen
insurance sigorta
intelligent zeki
interesting ilginç
introduce (*to one another*) tanıştırmak
invitation davet
invite davet etmek
Iran İran
Iraq Irak
Ireland İrlanda
Irish (*adjective*) İrlanda
Irishman/Irishwoman İrlandalı
iron (*metal*) demir; (*for clothes*) ütü
iron (*verb*) ütülemek
ironmonger's hırdavatçı
Islam İslam
Islamic İslami
island ada
Istanbul İstanbul
it o; **it is . . .** o . . . dir
Italian İtalyan
Italy İtalya
itch kaşıntı
IUD spiral

jack (*car*) kriko
jacket ceket
jam reçel
January ocak
jaw çene
jazz caz
jealous kıskanç
jeans blucin
jellyfish denizanası
jeweller's kuyumcu
jewellery mücevher(at)
Jewish Yahudi
job iş
jogging hafif koşu; **go jogging** cogging yapmak
joint (*to smoke*) çifte kağıt
joke şaka
journey yolculuk
jug sürahi
juice: ... juice ... suyu
July temmuz
jump atlamak
jumper kazak
junction kavşak
June haziran
just: just two yalnız iki

kebab kebap
keep muhafaza etmek
kettle çaydanlık
key anahtar
kidney böbrek
kill öldürmek
kilo kilo
kilometre kilometre
kind nazik
king kral
kiss öpücük
kiss (*verb*) öpmek
kitchen mutfak
knee diz
knife bıçak
knit örmek
knock over devirmek
know bilmek; (*person*) tanımak; **I don't know** bilmiyorum

label etiket
ladder merdiven
ladies (*toilet*) bayan(lar)
lady bayan
lager bira
lake göl
lamb kuzu
lamp lamba
land (*aircraft*) inmek
landscape manzara
language dil
language school dil okulu
large büyük
last son; **last year** geçen yıl; **at last** nihayet
late geç; **arrive/be late** geç kalmak
laugh gülmek
launderette otomatlı çamaşırhane
laundry çamaşır; (*place*) çamaşırhane
law kanun
lawn çimen
lawyer avukat
laxative müshil

lazy tembel
leaf yaprak
leaflet broşür
leak sızıntı
learn öğrenmek
least: at least en azından
leather deri
leave bırakmak; (*go away*) ayrılmak
left sol; **on the left** solda; **on the left of . . .** . . .-in solunda
left-handed solak
left-luggage emanet
leg bacak
lemon limon
lemonade gazoz
lemon tea limonlu çay
lend ödünç vermek
length uzunluk
lens mercek
less daha az
lesson ders
let (*allow*) izin vermek
letter mektup
letterbox mektup kutusu
lettuce marul, kıvırcık
level crossing hemzemin geçit
library kütüphane
licence izin belgesi
lid kapak
lie (*say untruth*) yalan söylemek
lie down uzanmak
life hayat
lift (*elevator*) asansör; **give a lift to** otomobile almak
light (*in room*) ışık; (*on car*) far; **have you got a light?** ateşiniz var mı?
light (*adjective*) hafif; **light blue** açık mavi
light (*verb*) tutuşturmak
light bulb ampul
lighter çakmak
lighthouse deniz feneri
light meter pozometre
like hoşlanmak; **I would like** istiyordum
like (*as*) gibi
lip dudak
lipstick ruj
liqueur likör
lira lira
list liste
listen (to) dinlemek
litre litre
litter çöp
little az; **a little bit (of)** (. . .-den) biraz
live yaşamak; (*in town etc*) oturmak
liver karaciğer
living room oturma odası
lobster istakoz
lock kilit
lock (*verb*) kilitlemek
London Londra
long uzun; **a long time** uzun süre
look: look (at) bakmak; (*seem*) görünmek; **look like** benzemek; **look for** aramak; **look out!** dikkat!
lorry kamyon
lose kaybetmek
lost property office kayıp eşya bürosu
lot: a lot (of) çok
loud yüksek sesle
lounge salon
love sevgi; **make love** sevişmek
love (*verb*) sevmek
lovely nefis

low alçak
luck şans; **good luck!** bol şanslar!
luggage bagaj
lukewarm ılık
lunch öğle yemeği
lungs ak ciğerler

macho kabadayı
mad deli
Madam madam
magazine dergi
maiden name kızlık adı
mail posta
main esas
make yapmak
make-up makyaj
male chauvinist pig erkek şovenisti
man adam
manager yönetici
many çok; **many . . .** çoğu . . .
map harita; (*of town*) şehir planı
March mart
margarine margarin
market çarşı
marmalade portakal reçeli
married evli
mascara maskara
mass ayin
match (*light*) kibrit; (*sport*) maç
material kumaş
matter: it doesn't matter önemi yok
mattress şilte
May mayıs
maybe belki
mayonnaise mayonez
me beni, bana; **for me** benim için; **me too** ben de (*see grammar*)
meal yemek; **enjoy your meal!** afiyet olsun!
mean (*verb*) demek
measles kızamık; **German measles** kızamıkçık
meat et
mechanic (*cars*) tamirci
medicine (*drug*) ilaç
Mediterranean Akdeniz
medium (*steak*) orta pişmiş
medium-sized orta büyüklükte
meet karşılaşmak
meeting toplantı
melon kavun
mend tamir etmek
menu yemek listesi; **set menu** tabldot
mess karışıklık
message mesaj
metal metal
metre metre
midday öğle
middle orta
Middle Ages Orta Çağ
midnight gece yarısı
milk süt
minaret minare
minced meat kıyma
mind: do you mind if I . . .? (sizce) bir mahzuru var mı . . .
mine benimki (*see grammar*)
mineral water maden suyu
minute dakika
mirror ayna
Miss Bayan, Bn.
miss (*train etc*) kaçırmak; **I miss you** seni özledim

mistake hata
misunderstanding yanlış anlama
mix karıştırmak
modern modern
moisturizer nemlendirici krem
Monday pazartesi
money para
month ay
monument anıt
mood keyif
moon ay
moped moped
more daha; **no more ...** artık ... yok
morning sabah; **good morning** günaydın
Moslem Müslüman
mosque cami; **Blue Mosque** Sultan Ahmet Camisi
mosquito sivrisinek
most (of) çoğu
mother anne
mother-in-law kaynana
motorbike motosiklet
motorboat deniz motoru
motorway otoyol
mountain dağ
mouse fare
moustache bıyık
mouth ağız
move (*change position*) hareket etmek; (*something*) oynatmak
Mr Bay
Mrs Bayan, Bn.
Ms Bayan, Bn.
much çok; **not much time** kısa süre
mum anne
muscle kas
museum müze
mushrooms mantar
music müzik
musical instrument müzik aleti
mussels midye
must: I/she must ... meliyim/... meli
mustard hardal
my benim (*see grammar*)

nail (*in wall*) çivi
nail clippers tırnak kesme aleti
nailfile tırnak törpüsü
nail polish tırnak cilası
nail polish remover aseton
naked çıplak
name ad; **what's your name?** adınız ne(dir)?; **my name is Jim** (benim) adım Jim
napkin peçete
nappy çocuk bezi
nappy-liners çocuk bezi
narrow dar
nationality uyruk
natural doğal
nature doğa
near yakın; **near here** yakında; **the nearest ...** en yakın ...
nearly hemen hemen
necessary gerekli
neck boyun
necklace kolye
need: I need ... bana ... lazım
needle iğne
negative (*film*) negatif

neighbour komşu
neither . . . nor . . . ne . . . ne . . .
nephew yeğen
nervous sinirli
neurotic sinir hastası
never asla
new yeni; (*brand-new*) yepyeni
news haber
newsagent gazete bayii
newspaper gazete
New Year Yeni Yıl
New Year's Eve Yılbaşı
next bir sonraki; **next year** gelecek yıl; (*afterwards*) sonra
next to bitişiğinde
nice hoş; (*food*) güzel
nickname takma ad
niece kız yeğen
night gece; **good night** iyi geceler
nightclub gece kulübü
nightdress gecelik
nightmare kâbus
no hayır; **there's no . . ./I've no . . .** . . . yok
nobody hiç kimse
noise gürültü
noisy gürültülü
non-smoking sigara içmeyenlere mahsus
normal normal
north kuzey; **north of . . .** . . .'in kuzeyi
Northern Ireland Kuzey İrlanda
nose burun
not değil; **I'm not tired** yorgun değilim; **not me** ben değil (*see grammar*)
note (*money*) banknot
notebook not defteri
nothing hiç bir şey
novel roman
November kasım
now şimdi
nowhere hiç bir yerde
number numara
number plate plaka
nurse hemşire
nut (*to eat*) fındık; (*for bolt*) somun

obnoxious iğrenç
obvious (apaçık
October ekim
octopus ahtapot
of -in; **the name of the hotel** otelin adı
off (*lights*) kapalı
offend gücendirmek
offer (*verb*) teklif etmek
office büro
often sık sık
oil yağ
ointment merhem
OK tamam; **I'm OK** ben iyiyim
old yaşlı; (*thing*) eski; **how old are you?** kaç yaşındasınız?; **I'm 25 years old** 25 yaşındayım
old-age pensioner yaşlı emekli
olive zeytin
olive oil zeytinyağı
omelette omlet
on üstünde; (*lights*) açık
once bir kere
one bir

onion soğan
only yalnız
open (*adjective*) açık
open (*verb*) açmak
opera opera
operation ameliyat
opposite karşısında;
opposite the church kilisenin karşısında
optician gözlükçü
optimistic iyimser
or veya
orange portakal
orange (*colour*) turuncu
orchestra orkestra
order (*meal etc*) ısmarlamak
organize düzenlemek
other diğer
otherwise yoksa
our bizim (*see grammar*)
out: she's out dışarda
outside dışarda
oven fırın
over (*above*) üstünde; (*finished*) bitti; **over there** orada
overdone fazla pişmiş
overtake geçmek
owner mal sahibi
oyster istiridye

pack (*verb*) paketlemek; (*one's bags*) bavulunu hazırlamak
package paket
package tour paket tur
packed lunch kumanya
packet (*of cigarettes etc*) paket
page sayfa
pain ağrı
painful ızdıraplı
painkiller ağrı giderici ilaçlar
paint (*verb*) boyamak
paint brush fırça
painting resim
pair çift
palace saray
pancake akıtma
panic panik
panties külot
paper kâğıt
parcel paket
pardon? efendim?
parents anne baba
park park
park (*verb*) park etmek
part parça
party (*celebration*) parti; (*group*) grup
pass (*mountain*) geçit
passenger yolcu
passport pasaport
pasta makarna
paté pate
path yol
pavement kaldırım
pay ödemek
peach şeftali
peanuts yerfıstığı
pear armut
peas bezelye
pedal pedal
pedestrian yaya
pedestrian crossing yaya geçidi
pedestrian precinct yayalara mahsus bölge
pen dolma kalem
pencil kurşun kalem
pencil sharpener kalemtıraş
penicillin penisilin
penis erkeklik organı
penknife çakı

people halk
pepper biber
per: per week haftada; **per cent** yüzde
perfect mükemmel
perfume parfüm
period süre; (*woman's*) ay hali
perm perma
person kişi
petrol benzin
petrol station benzin istasyonu
phone (*verb*) telefon etmek
phone book telefon rehberi
phone box telefon kulübesi
phone number telefon numarası
photograph fotoğraf
photograph (*verb*) fotoğraf çekmek
photographer fotoğrafçı
phrase book yabancı dil kılavuzu
pickpocket yankesici
picnic piknik
pie (*fruit*) meyvalı pay
piece parça
pig domuz
piles hemoroid
pill hap
pillow yastık
pilot pilot
pin toplu iğne
pineapple ananas
pink pembe
pipe boru; (*to smoke*) pipo
pistachio antep fıstığı
pity: it's a pity yazık
pizza pizza
plane uçak
plant bitki
plastic plastik
plastic bag naylon torba
plate tabak
platform (*station*) peron
play (*theatre*) oyun
play (*verb*) oynamak
pleasant hoş
please lütfen
pleased memnun; **pleased to meet you!** tanıştığımıza memnun oldum!
pliers kerpeten
plug (*electrical*) fiş; (*in sink*) tıkaç
plum erik
plumber tesisatçı
p.m.: 3 p.m. öğleden sonra 3; **11 p.m.** akşam 11
pneumonia zatürree
pocket cep
poison zehir
police polis
policeman polis memuru
police station polis karakolu
polite nazik
political politik
politics politika
polluted kirli
pond havuz
pony midilli
poor fakir
pop music pop müziği
pork domuz eti
port (*drink*) porto şarabı
porter (*hotel*) kapıcı
possible mümkün
post (*verb*) postalamak
postcard kartpostal
poster (*for room*) poster; (*in street*) afiş
poste restante postrestant
postman postacı
post office postane
potato patates

poultry kümes hayvanları
pound libre
power cut elektrik kesilmesi
practical pratik
pram çocuk arabası
prawn karides
prefer tercih etmek
pregnant gebe
prepare hazırlamak
prescription reçete
present (*gift*) hediye
pretty güzel; **pretty good** oldukça iyi
price fiyat
priest rahip
prince prens
princess prenses
printed matter matbua
prison hapishane
private özel
probably muhtemelen
problem sorun
programme program
prohibited yasak
promise (*verb*) söz vermek
pronounce demek
protect korumak
Protestant Protestan
proud gururlu
public (*adjective*) halka açık
pull çekmek
pump pompa
puncture patlak lastik
purple mor
purse para çantası
push itmek
pushchair puset
put koymak
pyjamas pijama

quality kalite
quarter çeyrek
quay rıhtım
queen kraliçe
question soru
queue kuyruk
queue (*verb*) kuyruk olmak
quick çabuk
quickly hızla
quiet sakin; **quiet!** gürültü yapmayın!
quilt yorgan
quite oldukça

rabbit tavşan
radiator radyatör
radio radyo
railway demiryolu
rain yağmur
rain (*verb*) yağmak; **it's raining** yağmur yağıyor
rainbow gök kuşağı
raincoat yağmurluk
rape ırza geçme
rare ender; (*steak*) az pişmiş
raspberry ahududu
rat sıçan
rather oldukça
raw çiğ
razor ustura
razor blade jilet
read okumak
ready hazır
really gerçekten

rear lights arka sinyal lambaları
rearview mirror dikiz aynası
receipt makbuz
receive almak
reception (*hotel*) resepsiyon
receptionist resepsiyoncu
recipe yemek tarifi
recognize tanımak
recommend tavsiye etmek
record plak
record player pikap
record shop plakçı (dükkanı)
red kırmızı
red-headed kızıl saçlı
refund: can I have a refund? paramı geri verir misiniz?
relax dinlenmek
religion din
remember hatırlamak; **I remember** hatırlıyorum
rent kira
rent (*verb*) kiralamak
repair tamir etmek
repeat tekrarlamak
reservation rezervasyon
reserve ayırtmak
responsible sorumlu
rest (*remainder*) kalan; (*sleep*) dinlenme; **take a rest** dinlenmek
restaurant restoran
return ticket gidiş-dönüş bilet
reverse (*gear*) geri vites
rheumatism romatizma
Rhodes Rodos
rib kaburga
rice pirinç; (*cooked*) pilav
rich zengin; (*food*) ağır
ridiculous gülünç
right (*side*) sağ; **on the right** sağda; **on the right of . . .** . . .-in sağında
right (*correct*) doğru
right of way yol hakkı
ring (*on finger*) yüzük
ring (*phone*) telefon etmek
ripe olgun
river nehir
road yol; (*in town*) sokak
roadsign yol işareti
roadworks yol inşaatı
rock kaya
rock music rok müziği
roll sandviç ekmeği
roof dam
roof rack üst bagaj yeri
room oda
rope halat
rose gül
rotten (*fruit etc*) çürük
round (*circular*) yuvarlak
roundabout dönel kavşak
route güzergah
rowing boat kayık
rubber lastik; (*eraser*) silgi
rubber band lastik bant
rubbish çöp
rucksack sırt çantası
rude kaba
rug kilim
ruins harabeler
rum rom
Rumania Romanya
run koşmak
Russia Rusya

sad üzgün
safe emin
safety pin çengelli iğne
sailboard (yelkenli) sörf
sailing yelkencilik

sailing boat yelkenli
salad salata
salad dressing salata sosu
sale satış; (*reduced price*) indirimli satış
sale: for sale satılık
salmon som balığı
salt tuz
salty tuzlu
same aynı
samovar semaver
sand kum
sandals sandal
sand dunes kumullar
sandwich sandviç
sanitary towel kadın bağı
sardine sardalye
Saturday cumartesi
sauce sos
saucepan tencere
saucer fincan tabağı
sauna sauna
sausage sosis
say söylemek
scarf (*neck*) atkı; (*head*) eşarp
scenery manzara
school okul
science bilim
scissors (bir) makas
Scotland İskoçya
Scottish (*adjective*) İskoç
scrambled eggs sahanda karılmış yumurta
scream çığlık atmak
screw vida
screwdriver tornavida
sea deniz
seafood deniz ürünleri
seagull martı
seasick: I'm seasick beni deniz tuttu
seaside: at the seaside deniz kıyısında
season mevsim; **in the high season** sezonda
seat oturacak yer
seat belt emniyet kemeri
seaweed deniz yosunu
second (*in time*) saniye
second-hand elden düşme
secret gizli
see görmek; **see you tomorrow** yarın görüşürüz
self-catering flat/cottage pansiyon (yemek pişirme olanaklı)
self-service self servis
sell satmak
sellotape (*R*) seloteyp
send göndermek
sensible makul
sensitive hassas
separate ayrı
separately ayrı ayrı
September eylül
serious ciddi
serve hizmet etmek
service servis
service charge servis ücreti
serviette peçete
several birkaç
sew dikmek
sex seks
sexist seksist
sexy cazibeli
shade gölge
shampoo şampuan
share (*verb*) paylaşmak
shark köpek balığı
shave tıraş olmak
shaving brush tıraş fırçası
shaving foam tıraş köpüğü
shawl şal
she o (*see grammar*)
sheep koyun
sheet çarşaf

shell deniz kabuğu
shellfish kabuklu deniz ürünleri
ship gemi
shirt gömlek
shock şok
shock-absorber amortisör
shocking korkunç
shoe laces ayakkabı bağı
shoe polish ayakkabı cilası
shoe repairer ayakkabı tamircisi
shoes ayakkabı
shop dükkan
shopping alışveriş; **go shopping** alışverişe çıkmak
shopping bag pazar çantası
shopping centre alışveriş merkezi
shore sahil
short kısa
shortcut kestirme
shorts şort
shortsighted miyop
shoulder omuz
shout bağırmak
show (*verb*) göstermek
shower duş; (*rain*) sağanak
shutter (*photo*) obdüratör
shutters (*window*) kepenk
shy çekingen, utangaç
sick: I feel sick midem bulanıyor; **I'm going to be sick** kusacağım galiba
side yan
sidelights park lambaları
sign (*verb*) imza etmek
silence sessizlik
silk ipek
silver gümüş
silver foil gümüş yaprak
similar benzer
simple basit
since . . . (*time*) . . . den beri
sincere içten
sing şarkı söylemek
single (*unmarried*) bekar
single room tek kişilik oda
single ticket tek gidiş bilet
sink eviye
sink (*go under*) batmak
Sir beyefendi
sister kız kardeş
sister-in-law (*wife's sister*) baldız; (*husband's sister*) görümce; (*brother's wife*) yenge
sit down oturmak
size büyüklük
ski kayak
ski (*verb*) kayak yapmak
skid kaymak
skin cilt
skin cleanser cilt temizleyici
skin-diving balık adamlık
skinny sıska
skirt etek
skull kafatası
sky gök
sleep uyumak
sleeper yataklı vagon
sleeping bag uyku tulumu
sleeping pill uyku ilacı
sleepy: I'm sleepy uykum geldi
slice dilim
slide (*phot*) diyapozitif
slim zayıf
slippers terlik(ler)
slippery kaygan
slow yavaş
slowly yavaşça
small küçük
smell koku
smell (*give off smell*) kokmak; (*detect smell*) koklamak

smile gülümseme
smile (*verb*) gülümsemek
smoke duman
smoke (*verb*) sigara içmek
smoking (*compartment*) sigara içilen
snack hafif yemek
snail salyangoz
snake yılan
sneeze hapşırmak
snore horlamak
snow kar
so öyle; **so beautiful/big** öyle güzel/büyük
soaking solution koruyucu sıvı
soap sabun
society dernek, kurum
socket priz
socks çorap(lar)
soft yumuşak
soft drink alkolsüz içki
soft lenses yumuşak kontak lensleri
sole (*of shoe*) taban
some biraz; **some wine/flour/biscuits** biraz şarap/un/bisküvi
somebody birisi
something bir şey
sometimes bazen
somewhere bir yerde
son oğul
song şarkı
son-in-law damat
soon yakında
sore: I've got a sore throat boğazım ağrıyor
sorry affedersiniz; **I'm sorry** özür dilerim
soup çorba
sour ekşi
south güney; **south of . . .** . . .'in güneyi
souvenir hatıra
spade bel
Spain İspanya
Spanish İspanyol
spanner somun anahtarı
spare part yedek parça
spare tyre yedek lastik
spark plug buji
speak konuşmak; **do you speak . . .?** . . . biliyor musunuz?
speciality (*in restaurant*) spesiyalite
speed hız
speed limit hız tahdidi
speedometer hız göstergesi
spend harcamak
spice baharat
spider örümcek
spinach ıspanak
spoon kaşık
sport spor
spot (*on skin*) sivilce
sprain: I've sprained my ankle bileğimi burktum
spring (*season*) ilkbahar; (*in seat etc*) yay
square (*in town*) meydan
stain leke
stairs merdiven
stamp pul
stand ayakta durmak; **I can't stand spaghetti** makarnadan nefret ederim
star yıldız
starter (*food*) meze
state (*condition*) hal; (*political*) devlet
station istasyon
stationer's kırtasiyeci
stay (*remain, in hotel etc*) kalmak

steak biftek
steal çalmak
steamer vapur
steep dik
steering direksiyon sistemi
steering wheel direksiyon
stepfather üvey baba
stepmother üvey anne
steward kabin memuru
stewardess hostes
still (*adverb*) hala
sting sokmak
stockings çorap(lar)
stomach mide
stomach ache mide ağrısı
stone taş
stop durak
stop (*verb*) durmak; **stop!** dur!
storm fırtına
story hikaye
straight ahead dosdoğru
strange (*odd*) acayip
strawberry çilek
stream dere
street sokak
string ip
stroke (*attack*) felç
strong güçlü
stuck sıkışmış
student öğrenci
stupid aptal
suburbs banliyö
success başarı
suddenly aniden
suede süet
sugar şeker
suit takım elbise; (*for women*) kostüm
suit: blue suits you mavi size yakışıyor
suitcase bavul
summer yaz
sun güneş
sunbathe güneşlenmek
sunblock güneş merhemi
sunburn güneş yanığı
Sunday pazar
sunglasses güneş gözlüğü
sunny güneşli
sunset günbatımı
sunshine güneş (ışığı)
sunstroke güneş çarpması
suntan bronz ten
suntan lotion güneş losyonu
suntan oil güneş yağı
supermarket süpermarket
supplement ek ücret
sure emin
surf sörf
surname soyadı
surprise sürpriz
surprising şaşırtıcı
swallow yutmak
sweat terlemek
sweater kazak
sweet şeker
sweet (*to taste*) tatlı
swim yüzmek
swimming yüzme; **go swimming** yüzmeye gitmek
swimming costume mayo
swimming pool yüzme havuzu
swimming trunks mayo
Swiss (*adjective*) İsviçreli
switch düğme
switch off kapamak
switch on (*light, television*) açmak; (*engine*) çalıştırmak
Switzerland İsviçre
swollen şişmiş
synagogue sinagog
Syria Suriye

table masa
tablecloth masa örtüsü
tablet tablet
table tennis masatopu
tail kuyruk
take almak; **take away** (*remove*) alıp götürmek; **to take away** (*food*) dışarıya götürmek; **take off** (*plane*) kalkmak
talcum powder talk pudrası
talk konuşmak
tall uzun boylu; (*building*) yüksek
tampon tampon
tan (*colour*) bronz ten
tank yakıt deposu
tap musluk
tape (*cassette*) teyp
tart tart
taste tat
taste (*try*) tatmak
taxi taksi
tea çay
teach öğretmek
teacher öğretmen
team takım
teapot demlik
tea towel kurulama bezi
teenager delikanlı
telegram telgraf
telephone telefon
telephone directory telefon rehberi
television televizyon
temperature sıcaklık
tennis tenis
tent çadır
terrible berbat
terrific müthiş
than: uglier than daha çirkin
thank teşekkür etmek
thank you teşekkür ederim
that (*adjective, pronoun*) şu; **I think that . . .** sanıyorum ki . . .; **that one** şu
the *see grammar*
theatre tiyatro
theft hırsızlık
their onların (*see grammar*)
theirs onlarınki (*see grammar*)
them onları; (*indirect*) onlara (*see grammar*)
then o zaman; (*after that*) ondan sonra
there orası; (*movement towards*) oraya; **there is/are . . .** . . . var; **is/are there . . .?** . . . var mı?
thermometer termometre
thermos flask termos
these (*adjective*) bu . . .-lar; (*pronoun*) bunlar
they onlar (*see grammar*)
thick kalın
thief hırsız
thigh uyluk
thin ince
thing şey
think düşünmek
thirsty: I'm thirsty susadım
this bu; **this one** bu
those (*adjective*) şu . . .-lar; (*pronoun*) şunlar
thread iplik
throat boğaz
throat pastilles boğaz pastilleri
through içinden; **through the village** köyün içinden
throw atmak; **throw away** atmak

thunder gök gürültüsü
thunderstorm (gök gürültülü) fırtına
Thursday perşembe
ticket bilet
ticket office bilet gişesi
tide gel-git
tie kravat
tight dar
tights külotlu çorap
time zaman; (*occasion*) kere; **on time** tam zamanında; **what time is it?** saat kaç?
timetable tarife
tin opener konserve açacağı
tip bahşiş
tired yorgun
tissues kağıt mendil
to: I'm going to Istanbul/the station İstanbul'a/istasyona gidiyorum
toast kızarmış ekmek
tobacco tütün
today bugün
toe ayak parmağı
together birlikte
toilet tuvalet
toilet paper tuvalet kağıdı
tomato domates
tomorrow yarın
tongue dil
tonight bu gece
tonsillitis bademcik iltihabı
too (*also*) de; **too big** fazla büyük; **not too much** pek (fazla) değil
tool alet
tooth diş
toothache diş ağrısı
toothbrush diş fırçası
toothpaste diş macunu
top: at the top üstte
torch el feneri
touch dokunmak
tourist turist
towel havlu
tower kule
town şehir
town hall belediye binası
toy oyuncak
tracksuit eşofman
tradition gelenek
traditional geleneksel
traffic trafik
traffic jam trafik tıkanıklığı
traffic lights trafik lambaları
traffic warden trafik memuru
trailer (*behind car*) römork
train tren
trainers spor ayakkabısı
translate tercüme etmek
transmission transmisyon
travel seyahat
travel agent's seyahat acentesi
traveller's cheque seyahat çeki
tray tepsi
tree ağaç
tremendous muazzam
trip yolculuk
trolley tekerlekli araba
trousers pantalon
Troy Truva
true gerçek
try denemek; **try on** (*clothes*) giyip denemek; (*rings etc*) takıp denemek
T-shirt tişört
Tuesday salı
tuna fish ton balığı
tunnel tünel
Turk Türk
Turkey Türkiye
turkey hindi
Turkish Türk; (*language*) Türkçe

Turkish bath hamam
Turkish coffee Türk kahvesi
Turkish delight lokum
turn (*verb*) döndürmek; (*driving etc*) dönmek
tweezers cımbız
twins ikizler
typewriter yazı makinesi
tyre lastik

ugly çirkin
umbrella şemsiye
uncle (*paternal*) amca; (*maternal*) dayı
under altında
underdone az pişmiş
underground metro
underneath altta; **underneath ...** ...'in altında
underpants don
understand anlamak
underwear iç çamaşırı
unemployed işsiz
unfortunately ne yazık ki
United States Birleşik Amerika
university üniversite
unpack eşyaları bavuldan çıkarmak
unpleasant nahoş
until ... ...-e kadar
up: up there yukarıda
upstairs üst kat
urgent acil
us biz (*see grammar*)
use kullanmak
useful yararlı
usual olağan
usually genellikle

vaccination aşılama
vacuum cleaner elektrik süpürgesi
vagina vajina
valid geçerli
valley vadi
valve vana
van kamyonet
vanilla vanilya
vase vazo
VD zührevi hastalık
veal dana eti
vegetables sebze
vegetarian vejeteryen
vehicle taşıt
very çok
very: very much pek çok
vet veteriner
video video
video recorder video alıcısı
view manzara
viewfinder vizör
villa villa
village köy
vinegar sirke
vineyard bağ
visa vize
visit ziyaret
visit (*verb*) ziyaret etmek
vitamins vitaminler
voice ses

waist bel
wait beklemek
waiter garson

waiting room bekleme salonu
waitress garson kız
wake up (*someone*) uyandırmak; (*oneself*) uyanmak
Wales Galler (Ülkesi)
walk yürüyüş; **go for a walk** yürüyüşe çıkmak
walk (*verb*) yürümek
walkman (*R*) walkman
wall duvar
wallet cüzdan
want istemek; **I want . . .** . . . istiyorum; **do you want . . .?** . . . istiyor musunuz?
war savaş
warm sıcak; **it's warm** hava sıcak
wash yıkamak; (*oneself*) yıkanmak
washbasin lavabo
washing çamaşır
washing machine çamaşır makinesi
washing powder çamaşır tozu
washing-up bulaşık
washing-up liquid bulaşık deterjanı
wasp eşek arısı
watch (*for time*) kol saati
watch (*verb*) seyretmek
water su
waterfall çağlayan
waterpipe (*for smoking*) nargile
waterski su kayağı
waterskiing sukayağı
wave (*in sea*) dalga
way: this way (*like this*) böyle; **can you tell me the way to the . . .?** . . .-e nereden gidilir?
we biz (*see grammar*)
weak zayıf
weather hava; **the weather's good** hava iyi
weather forecast hava tahmini
wedding düğün
Wednesday çarşamba
week hafta
weekend hafta sonu
weight ağırlık
welcome! hoş geldiniz!
well: he's well/not well (o) iyi/iyi değil; **well!** hayret!
well (*adverb*) iyi
well done iyi pişmiş
wellingtons lastik çizmeler
Welsh Galli
west batı; **west of . . .** . . .'in batısı
wet ıslak
what . . .? ne . . .?; **what?** ne?; **what's this?** bu ne?
wheel tekerlek
wheelchair tekerlekli sandalye
when? ne zaman?
where? nerede?; **where is . . .?** . . . nerede?
which? hangi?
while -iken
whipped cream krem şantiye
whisky viski
white beyaz
who? kim?
whole bütün
whooping cough boğmaca
whose: whose is this? bu kimin?
why? niçin? neden?
wide geniş
widow dui

widower dul
wife karı
wild yabani
win kazanmak
wind rüzgar
window pencere
windscreen ön cam
windscreen wipers silecekler
wine şarap; **red/white/rosé wine** kırmızı/beyaz/pembe şarap
wine list şarap listesi
wing kanat
winter kış
wire tel
wish: best wishes en iyi dileklerimle
with ile; **with Ahmet** Ahmet'le
without -siz; **without sugar** şekersiz
witness tanık
woman kadın
wonderful şahane
wood tahta
wool yün
word kelime
work iş
work (*verb*) çalışmak
work: it's not working çalışmıyor
world dünya
worry (*noun*) kaygı
worry about kaygılanmak
worse daha kötü
worst en kötü
wound yara
wrap sarmak
wrapping paper ambalaj kağıdı
wrench İngiliz anahtarı
wrist bilek
write yazmak
writing paper yazı kağıdı
wrong yanlış

X-ray röntgen

yacht yat
year yıl
yellow sarı
yes evet
yesterday dün
yet: not yet henüz değil
yoghurt yoğurt
you (*familiar*) sen; (*object*) seni; (*plural or polite*) siz; (*object*) sizi (*see grammar*)
young genç; **young people** gençler
your (*familiar*) senin; (*plural or polite*) sizin (*see grammar*)
yours (*familiar*) seninki; (*plural or polite*) sizinki (*see grammar*)
youth hostel gençlik yurdu

zero sıfır
zip fermuar
zoo hayvanat bahçesi

TURKISH-ENGLISH

Alphabetical order in Turkish has the following differences:
c, ç; g, ğ; ı, i; o, ö; s, ş; u, ü.

abartmak exaggerate
abi older brother
abla older sister
acayip strange
acele etmek hurry; **acele et!** hurry up!
acemi beginner
acenta agency
acı bitter
acıkmak be hungry; **acıktım** I'm hungry
acılı hot
acil urgent
acil durum emergency
açık clear; open; (*radio*) on; **açık mavi** light blue
açıklamak explain
açmak open; switch on
ad (first) name; **adım Ayşe** my name is Ayşe; **adınız ne(dir)?** what's your name?
ada island
adam man
adaptör adaptor
adet custom
adil fair
adres address
adres defteri address book
affedersiniz sorry; excuse me
afiş poster
afiyet olsun! enjoy your meal!
ağ net
ağaç tree
ağır heavy; rich
ağırlık weight
ağız mouth; dialect
ağlamak cry
ağrı ache, pain; **buram ağrıyor** I have a pain here
ağrı giderici ilaçlar painkillers
ağustos August
ahali people
ahçı cook
ahtapot octopus
ahududu raspberry
aile family
ait olmak belong
ak ciğerler lungs
Akdeniz Mediterranean
akıllı clever
akıtma pancake
akrabalar relatives
akrep scorpion
aks axle
aksan accent
akşam evening; **akşam 11** 11 p.m.
akşam yemeği dinner; **akşam yemeği yemek** have dinner
aktarma yapmak change trains
akü battery

TURKISH-ENGLISH

alan area
alaturka in the Turkish fashion
alçak low
alet device; tool
alın forehead
alıp götürmek take away
alışkanlık habit
alışveriş shopping; **alışverişe çıkmak** go shopping
alışveriş merkezi shopping centre
alkolsüz içki soft drink
Allah God; **Allah razı olsun** bless you; **Allah aşkına** for God's sake
almak take; receive
Alman German
Almanya Germany
alt bottom
alternatör alternator
altın gold
altında below; at the bottom of
altta underneath
ama but
ambalaj kağıdı wrapping paper
amca (paternal) uncle
ameliyat operation
amortisör shock-absorber
amper amp
ampul light bulb
Anadolu Asia Minor
anahtar key
ananas pineapple
anıt monument
ani sudden
aniden suddenly
anjin angina
anlamak understand
anne mother
anne baba parents
antep fıstığı pistachio
antikacı antique shop
antrenör trainer
apaçık obvious
apandisit appendicitis
apartman block of flats
apartman dairesi apartment
aptal stupid
ara interval
araba car
aralık December
aramak look for
Arap Arabic
arasında among; between
arı bee
arıza breakdown; **arıza yapmak** break down
arızalı faulty
arka back
arkada behind; at the back
arkadan göndermek forward
arkadaş friend
arka sinyal lambaları rear lights
armut pear
artık . . . yok no more . . .
asansör lift
aseton nail polish remover
askı coathanger
asla never
astım asthma
Asya Asia
aşağı down there; downstairs
aşçı cook
aşmak cross
aşı vaccination
at horse
ata ancestor
ateş fever; fire; **ateşiniz var mı?** have you got a light?
Atina Athens
atkı scarf

atlamak jump
atmak throw (away)
av eti game
Avrupa Europe; European
avukat lawyer
Avustralya Australia; Australian
Avusturya Austria; Austrian
ay month; moon
ayak foot
ayak bileği ankle
ayakkabı shoes
ayakkabı bağı shoe laces
ayakkabı cilası shoe polish
ayak parmağı toe
ayakta durmak stand
aybaşı period; beginning of the month (*pay day*)
ay hali period
ayılmak come round (*after fainting*)
ayırtmak reserve
ayin mass
ayna mirror
aynı (the) same
ayrı separate
ayrı ayrı separately
ayrılmak go away; leave
az little, few
az pişmiş rare; underdone

baba father
bacak leg
bacanak brother-in-law
bademcik iltihabı tonsillitis
bagaj boot; luggage
bagaj kayıt check-in
bağ vineyard
bağımsız independent
bağırmak shout
bağlantı connection
baharat spice
baharatlı spicy
bahçe garden
bahşiş tip
bakkal grocer's
bakmak look (at); take care of
bal honey
balayı honeymoon
baldız sister-in-law
balık fish
balık adamlık skin-diving
balıkçı fishmonger's
balıkçılık fishing
balsam conditioner
balta axe
bana to me
banknot note
bankomatik cash dispenser
banliyö suburbs
banyo bath
banyo etmek develop
banyo tuzları bath salts
bardak glass
barmen kız barmaid
barsak intestine
basit simple
basur piles
baş head
başağrısı headache
başarı success
başka different; **başka bir** another; **başka bir şey** something else; **başka bir yerde** elsewhere
başlamak begin
başlangıç beginning
batı west; **. . .'in batısı** west of . . .
batmak sink
battaniye blanket

TURKISH-ENGLISH

bavul bag; suitcase
Bay Mr
bayan lady
Bayan Miss; Mrs; Ms
bayan(lar) ladies
bayılmak faint
bayrak flag
bazen sometimes
bazı some
bebek baby; doll
bedava free
beden size
beğenmek like; **beğendim** I like it
bej beige
bekar bachelor; single
beklemek wait; **beni bekleyin** wait for me!
bekleme salonu waiting room
bel spade; waist
Belçika Belgium; Belgian
belediye binası town hall
belge document
belki maybe
belli obvious
ben I; **ben de** me too; **benim için** for me
bende on me *etc*
benden from me
beni me
benim my
benimki mine
benzemek look like
benzer similar
benzin petrol
benzin istasyonu petrol station
beraber together
berbat terrible
berber barber
bereket versin fortunately
Bey Mr
beyaz white
beyaz zehir drug
beyefendi gentleman; Sir
bezelye peas
bıçak knife
bırakmak leave
bıyık moustache
biber pepper
biftek steak
bile even; **bile bile** deliberately
bilek wrist
bilet ticket
biletçi conductor
bilet gişesi ticket office; box office
bilezik bracelet
bilgi information
bilgisayar computer
bilim science
bilinmeyen numaralar directory enquiries
bilmek know; **bilmiyorum** I don't know; **İngilizce biliyor musunuz?** do you speak English?
bina building
binicilik (horse) riding
biniş kartı boarding pass
bir a; one
bira beer
biraz a little bit; **biraz şarap/un/bisküvi** some wine/flour/biscuits
birinci kat first floor
birinci sınıf first class
birisi somebody
birkaç several; a few
bir kere once
Birleşik Amerika United States
bir parça a little bit
bir sonraki next

bir şey something
bir yerde somewhere
bisiklet bicycle
bisikletli cyclist
bisiklet sporu cycling
bisküvi biscuit
bitirmek finish
bitişiğinde, bitişik next to
bitki plant
bitti over
biz we
Bizans Byzantine
bizde on us *etc*
bizden from us
bize, bizi us
bizim our
bizimki ours
bizler we
blucin jeans
bluz blouse
bodrum basement
boğa bull
boğaz throat; **boğazım ağrıyor** I've got a sore throat
boğaz pastil(leri) throat pastille(s)
boğmaca whooping cough
bomba bomb
bone bathing cap
boru pipe
boş empty
boşanmış divorced
boyamak paint
boyun neck
bozuk out of order
bozuk para change
böbrek(ler) kidney(s)
böcek insect
böcek ilacı insecticide
böğürtlen blackberry
böyle this way
Britanya Britain
bronzlaşmak tan
bronzluk suntan
bronz ten tan
broş brooch
broşür leaflet, brochure
Brüksel lahanası Brussels sprouts
bu this (one); **bu . . .-lar** these . . .
budala idiot
buçuk half
bugün today
bu gece tonight
buji spark plug
bulaşık washing up; **bulaşık yıkamak** do the washing up
bulaşık deterjanı washing-up liquid
bulaşık lavabosu sink
Bulgar Bulgarian
Bulgaristan Bulgaria
bulmak find
bulut cloud
bulutlu cloudy
bulvar boulevard
bunlar these
burada here
burası here
burun nose
but thigh
buyot hot-water bottle
buz ice
buzdolabı fridge
buzluk freezer
büfe kiosk (*selling sandwiches etc*)
büro office
bütün all; whole
büyükanne grandmother
büyükbaba grandfather
büyük big
büyük elçilik embassy

büyüklük size
büyütme enlargement

cadde street
cam glass
cami mosque
cankurtaran ambulance
canlı alive
can sıkıcı annoying; boring
caz jazz
cazibeli sexy
ceket jacket
cemiyet society
cenaze funeral
cep pocket
cesaret etmek dare
cesur brave
ceza fine; punishment
cımbız tweezers
ciddi serious
cilt skin
cilt temizleyici skin cleanser
cin gin
cintonik gin and tonic
cogging yapmak go jogging
cuma Friday
cumartesi Saturday

çabuk quick; **çabuk ol!** hurry up!
çadır tent
çağırmak call
çağlayan waterfall
çakı penknife
çakmak lighter
çalar saat alarm clock
çalışmak work; **çalışmıyor** it's not working
çalıştırmak switch on
çalmak steal; play
çamaşır laundry; washing; **çamaşır yıkamak** do the washing
çamaşırhane laundry
çamaşır makinesi washing machine
çamaşır mandalı clothes peg
çamaşır suyu bleach
çamaşır tozu washing powder
çan bell
Çanakkale Boğazı Dardanelles
çanta bag
çapa anchor
çarpışma crash
çarşaf sheet
çarşamba Wednesday
çarşı market, bazaar
çartır (seferi) charter flight
çatal fork
çatal bıçak cutlery
çay tea
çaydanlık kettle
çek cheque
çek defteri cheque book
çekici attractive
çekiç hammer
çekilip gitmek go away, leave
çekin check-in
çekingen shy
çek kartı cheque card
çekmek pull; draw
çene chin; jaw
çengelli iğne safety pin
çeşme fountain
çeyrek quarter

çığlık atmak scream
çıkış exit
çıkmak go out; go up; **çık dışarı!** get out!
çıplak naked
çiçek flower
çiçekçi florist
çift double; pair
çiftçi farmer
çiftlik farm
çiğ raw
çiklet chewing gum
çikolata chocolate
çilek strawberry
çimen grass
çips crisps
çirkin ugly
çivi nail
çizme boot
çocuk child
çocuk arabası pram
çocuk bakıcısı child-minder
çocuk bezi nappy-liners
çocuk porsiyonu children's portion
çocuk yatağı cot
çoğu many; most (of)
çok many; much; very; **pek çok** very much; **çok fazla** too much; **çok yaşa!** bless you!
çorap(lar) sock(s); stocking(s)
çorba soup
çöp litter; rubbish
çöp tenekesi dustbin
çünkü because
çürük bruise; rotten

-da at (the); in (the); on (the); **istasyonda** at the station
dağ mountain
daha more; **daha az/iyi/kötü** less/better/worse; **bir bira daha** another beer
dahil included
daire apartment; office; department
dakika minute
dalga wave
dalmak dive
dam roof
damat son-in-law
damla drop
-dan: İstanbul'dan Bodrum'a from Istanbul to Bodrum; **. . .-dan beri** since . . .; **. . .-dan biraz** a little bit of . . .; **. . .-dan daha iyi** better than . . .
dana eti veal
danışma masası information desk
dans etmek dance
dar narrow; tight
dava trial
davet invitation
davet etmek invite
dayı (maternal) uncle
de also
-de *see -DA*
debriyaj clutch
dede grandfather
defol! get out!
değerli valuable
değil not; **yorgun değilim** I'm not tired

değişken changeable
değiştirmek change; exchange
deli mad
delik hole
delikanlı teenager
demek mean; pronounce; say
demir iron
demiryolu railway
demlik teapot
-den *see -DAN*
denemek try
deniz sea; **beni deniz tuttu** I'm seasick
denizanası jellyfish
deniz feneri lighthouse
deniz gezisi cruise
deniz kabuğu shell
deniz motoru motorboat
deniz ürünleri seafood
deniz yosunu seaweed
deprem earthquake
dere stream
dergi magazine
derhal immediately
deri leather
derin deep
dernek society
ders lesson
devam etmek continue
deve camel
devirmek knock over
devlet state
dışarı out; outside
dışında except
dibinde at the bottom of
Dicle Tigris
diğer other
dik steep
dikiz aynası rearview mirror
dikkatli careful; **dikkat et!** be careful!
dikmek sew; plant
dil language; tongue
dilek: en iyi dileklerimle best wishes
dil okulu language school
dilim slice
din religion
dinlemek listen (to)
dinlenme rest
dinlenmek rest (*verb*)
dip bottom
direksiyon steering wheel
direksiyon sistemi steering
dirsek elbow
diş tooth
diş ağrısı toothache
dişçi dentist
diş fırçası toothbrush
diş macunu toothpaste
diyapozitif slide
diz knee
doğa nature
doğal natural
doğmak: 1963' de doğdum I was born in 1963
doğru correct; straight
doğrulamak confirm
doğu east; **. . .'in doğusu** east of . . .
doğum günü birthday; **doğum gününüz kutlu olsun!** happy birthday!
dokunmak touch
doküman document
dolap cupboard
doldurmak fill
dolgu filling
dolma kalem pen
dolu full; hail
dolmuş shared taxi
domates tomato
domuz pig
domuz eti pork

don frost; underpants
dondurma ice cream
dondurulmuş yiyecekler frozen food
donmuş frozen
dosdoğru straight ahead
dost friend
doymak: doydum I'm full up
döndürmek turn
dönel kavşak roundabout
dönmek come back; return
döviz kuru exchange rate
dudak lip
dul widow; widower
duman smoke
durak stop
durgun still; calm
durmak stop; **dur!** stop!
durum situation; **duruma göre** it depends
duş shower
duvar wall
duygu feeling
duymak hear
düğme button; switch
düğün wedding
dükkan shop
dün yesterday
dünya world
dürüst honest
düşman enemy
düşmek fall
düşünmek think
düşürmek drop
düz flat
düzenlemek organize
düzine dozen

. . . ebilir/. . . ebilirim he/she can . . ./I can . . .; **. . . ebilir misiniz?** can you . . .?
eczane chemist's
efendim? pardon?
Ege Aegean
egzos exhaust
eğer if
eğlenmek have fun
-e kadar until
ekim October
ekmek bread
ekşi sour
ek ücret supplement
el hand
elbette of course
elbise dress
el çantası handbag
elçilik embassy
elden düşme second-hand
el bagajı hand luggage
eldiven gloves
elektrik electricity
elektrik kesilmesi power cut
elektrik süpürgesi vacuum cleaner
el feneri torch
el freni handbrake
elma apple
elmalı tart apple pie
elmas diamond
elma şekeri toffee apple
el sanatları crafts
emanet left luggage
emekli pensioner
emin safe; sure
emniyet kemeri seat belt
en most; **en güzel** most beautiful

en azından at least
ender rare
endişe etmek worry about
enfeksiyon infection
enişte brother-in-law
erik plum
erkek (tuvaleti) gents
erkek arkadaş boyfriend
erkek çocuk boy
erkek kardeş brother
erkeklik organı penis
erken(den) early
esas main
eski ancient
esnasında during
esnek elastic
eş wife; husband
eşarp scarf
eşek donkey
eşek arısı wasp
eşlik etmek accompany
eşofman tracksuit
eşya furniture; things
et meat
etek skirt
etiket label
ev house; **evde** at home; **eve gitmek** go home
evet yes
eviye sink
evli married
evrak çantası briefcase
evvelki gün the day before yesterday
eylül September

fabrika factory
fakat but
fakir poor
far (head)light; eye shadow
fare mouse
fark difference
fasulye beans
fatura invoice
favori favourite
fazla too; **fazla bagaj** excess baggage; **fazla pişmiş** overdone
felaket disaster
felç stroke
fener lamp; lighthouse
feribot ferry
fermuar zip
fes fez
fındık (hazel)nut
Fırat Euphrates
fırça brush
fırın baker's; oven
fırtına storm
fikir idea
fileto fillet
filim banyo etmek develop
fincan cup
fincan tabağı saucer
fiş plug
fiyat price
flaş flash
flört etmek flirt
fondöten foundation cream
formda fit
formüler form
fotoğraf çekmek photograph
fotoğrafçı photographer
fotoğraf makinesi camera
fön blow-dry
Fransa France
Fransız French; Frenchman
fren brake
fren yapmak brake

Galler (Ülkesi) Wales
Galli Welsh
garip strange
garson waiter
garson kız waitress
gazete newspaper
gazete bayii newsagent
gazino restaurant with show; open-air tea garden
gazlı fizzy
gaz pedalı accelerator
gebe pregnant
gebeliği önleyici contraceptive
gece night
gece kulübü nightclub
gecelik nightdress
gece yarısı midnight
gecikme delay
geç late; **geç kalmak** arrive/be late
geçen yıl last year
geçerli valid
geçit pass
geçmek overtake; go through; cross
gelecek future; **gelecek yıl** next year
gelenek custom; tradition
geleneksel traditional
gel-git tide
Gelibolu Gallipoli
gelin daughter-in-law; bride
geliştirmek improve
gelmek come
gemi ship
genç young; young person; **gençler** young people
gene again
genellikle usually
geniş wide
gerçek true; genuine
gerçekten really
gerçi although
gerekli necessary
geride at the back
geri vites reverse gear
germek stretch
gerinmek stretch oneself
getirmek bring; get
gıda zehirlenmesi food poisoning
gibi like
gidiş-dönüş bilet return ticket
giriniz! come in!
giriş entrance
Girit Crete
girmek enter; get in
gitmek go; **İstanbul'a gidiyorum** I'm going to Istanbul
giydirmek dress
giyim eşyası clothes
giyinmek dress oneself
giyip denemek try on
gizli secret
göğüs chest; breast
gök sky
gök gürültüsü thunder
gök kuşağı rainbow
göl lake
gölge shade; shadow; **gölgede** in the shade
gömlek shirt
göndermek send
görmek see
görümce sister-in-law
görünmek look
göstermek show
göz eye
gözleme pancake

gözlük glasses
gözlükçü optician
gramer grammar
gri grey
grip flu
grup group
gururlu proud
gücendirmek offend
güçlü strong
gül rose
güle güle good-bye
gülmek laugh
gülünç ridiculous
gülümseme smile
gülümsemek smile (*verb*)
Gümrük Customs
gümrüksüz duty-free
gümüş silver
gümüş yaprak silver paper
gün day
günaydın good morning
günbatımı sunset
günce diary
güneş sun
güneş (ışığı) sunshine
güneş banyosu yapmak sunbathe
güneş çarpması sunstroke
güneş gözlüğü sunglasses
güneşli sunny
güneş losyonu suntan lotion
güneş merhemi sunblock
güneş yağı suntan oil
güneş yanığı sunburn
güney south; **...'in güneyi** south of ...
gürültü noise
gürültülü noisy; **gürültü yapmayın!** quiet!
güverte deck
güzel beautiful; nice
güzergah route

haber news
hafif light
hafif koşu jogging
hafif yemek snack
hafta week; **haftada** per week
hafta sonu weekend
hala paternal aunt; still
halat rope
halı carpet
halı kaplama wall to wall carpet
Haliç Golden Horn
halk people
halka açık public
halk müziği folk music
hamam Turkish bath
hamamböceği cockroach
hangi? which?
hanım lady
hap pill
hapis(h)ane prison
hapşırmak sneeze
harabeler ruins
harcamak spend
hardal mustard
hareket etmek move
hariç except
harita map
hassas sensitive
hasta ill
hastabakıcı nurse
hastalık disease
hastane hospital
haşlanmış yumurta boiled egg
hata mistake; **benim hatam/onun hatası** it's my/it's his fault

hatıra souvenir
hatırlamak remember; **hatırlıyorum** I remember
hatta even
hava air; weather; **hava iyi** the weather's good; **hava soğuk** it's cold
hava ceryanı draught
havai fişek fireworks
havalimanı airport
hava tahmini weather forecast
havayolu airline
havlu towel
havuç carrot
havuz pond
hayal kırıklığına uğramış disappointed
hayat life
hayır no
hayret! well!
hayvan animal
hayvanat bahçesi zoo
hazımsızlık indigestion
hazır ready
hazırlamak prepare
haziran June
hediye present
hela toilet
hemen immediately
hemen hemen almost
hemoroid piles
hemşire nurse
hemzemin geçit level crossing
henüz değil not yet
hepimiz all of us
hepsi all of it/them
her each; every; **her defansında** every time; **her ikisi de** both of them
herkes everyone
her neyse anyway
herşey everything
her şey dahil all-inclusive
her yerde everywhere
her zaman always
hesap bill
hesap makinesi calculator
heyecan verici exciting
hıçkırık hiccups
hırdavatçı ironmonger's
Hıristiyan Christian
hırka cardigan
hırsız thief
hırsızlık theft
hız speed
hız göstergesi speedometer
hızla quickly
hızlı fast
hız tahdidi speed limit
hiç: hiç bir şey nothing; **hiç bir yerde** nowhere; **hiç bir zaman** never; **hiç . . .'iz mi?** have you ever . . .?; **hiç kimse** nobody; **hiç . . . yok** I don't have any . . .; there isn't any . . .
hikaye story
hindi turkey
his feeling
hisar castle
hissetmek feel; **kendimi iyi/kötü hissediyorum** I feel well/unwell
hitap ekmek call
hizmet ekmek serve
Hollanda Holland; Dutch
horlamak snore
hostes stewardess
hoş fine; nice
hoşça kal goodbye
hoş geldiniz! welcome!
hoşlanmak like
huni funnel
hükümet government

ılık lukewarm
ırza geçme rape
ısırma bite
ısıtma heating
ıslak wet
ısmarlamak order
ıspanak spinach
ışık light
ızdıraplı painful
ızgara grilled; barbecue

iade etmek give back
iç çamaşırı underwear
içeri inside
için for; as
içinde in; included
içinden through
içki drink
iç lastik inner tube
içmek drink
içme suyu drinking water
içten sincere
idrofil pamuk cotton wool
iğne needle; injection
iğrenç disgusting; obnoxious
ikamet stay
-iken while
iki hafta fortnight
iki kişilik oda double room
iki kişilik yatak double bed
ikinci sınıf second class
iki yol ağzı fork
ikizler twins
iklim climate
ilaç medicine
ile with; and; by
ileri further on
iletmek forward
ilgilenmek take care of
ilginç interesting
ilişki kurmak contact
ilk first; **ilk olarak** firstly
ilkbahar spring
ilk yardım first aid
imdat! help!
imkansız impossible
imza etmek sign
-in of
inanılmaz incredible
inanmak believe
ince thin
incitmek hurt
indirimli satış sale
inek cow
İngiliz British; Englishman; **İngiliz kadın** English girl/woman; **İngilizce** (in) English; **İngilizler** the English
İngiliz anahtarı wrench
İngiltere England
inik lastik flat tyre
inmek get off; go down; land
-in önünde in front of
insan man; **insanlar** people
ip string
ipek silk
iplik thread
iptal etmek cancel
iri big
İsa Jesus
ishal diarrhoea
iskele landing place
iskemle chair
İskoç Scottish
İskoçya Scotland

İspanya Spain
İspanyol Spanish
istakoz lobster; crayfish
İstanbul Boğazı Bosp(h)orus
istasyon station
istemek want; **. . . isterim** I want . . .; **. . . ister misiniz?, . . . istiyor musunuz?** do you want . . .?; **. . . istiyor(d)um** I would like
istiridye oyster
İsviçre Switzerland
İsviçreli Swiss
iş job; business
işitme cihazı hearing aid
işlek busy
iş seyahati business trip
işsiz unemployed
iştah appetite
işte here is/are
itfaiye fire brigade
itmek push
iyi good; well; **en iyi** the best; **iyi akşamlar** good evening; **iyi geceler** good night; **iyi yolculuklar!** have a good journey
iyimser optimistic
iyi pişmiş well done
iyiyim: ben iyiyim I'm OK
izin holiday; permission
izin belgesi licence
izin vermek let; allow

jambon ham
jikle choke
jilet razor blade

kaba rude
kabadayı macho
kabarcık blister
kabin memuru steward
kabız constipated
kabuklu deniz ürünleri shellfish
kabul etmek accept
kaburga rib
kabus nightmare
kaçak leak
kaçırmak miss
kaç tane? how many?
kadar: . . . kadar güzel as beautiful as . . .; **. . .'e kadar** until . . .
kadın woman
kadın bağı sanitary towel
kafatası skull
kafeinsiz decaffeinated
kağıt paper
kağıt mendil tissues
kahvaltı breakfast
kahve coffee
kahverengi brown
kakao cocoa; hot chocolate
kalabalık crowd; crowded
kalan rest
kalça hip
kaldırım pavement
kale castle
kalemtıraş pencil sharpener
kalın thick
kalite quality
kalkış departure
kalkmak get up; take off
kalmak stay
kalorifer central heating
kalp heart

kalp krizi heart attack
kamara cabin
kamyon lorry
kamyonet van
kan blood
kanamak bleed
kanat wing
kan grubu blood group
kanun law
kapak lid
kapalı closed; off
kapamak switch off
kapatmak close
kapı door; gate
kapıcı porter
kap kacak cooking utensils
kaporta bonnet
kaptan captain
kar snow
kara black; land
karaciğer liver
Karadeniz Black Sea
karanlık dark
karar vermek decide
karbüratör carburettor
karınca ant
karışıklık mess
karıştırmak mix
karides prawn
karmaşık complicated
karnabahar cauliflower
karşı against
karşılaşmak meet
karşısında opposite; **...-in karşısında** opposite the ...
karşıt opposite
kart card
karton cardboard; box
kartpostal postcard
kartvizit card
kas muscle
kasa cash desk
kasap butcher's
kase bowl
kasetli teyp cassette player
kasım November
kasket cap
kaş eyebrow
kaşık spoon
kaşıntı itch
kat floor
kavga fight
kavga etmek fight
kavşak junction
kavun melon
kaya rock
kayak ski
kayak pisti ski slope
kaybetmek lose
kaybolmak disappear
kaygan slippery
kaygı worry
kayık (rowing) boat
kayınbirader brother-in-law
kayınpeder father-in-law
kayıp eşya bürosu lost property office
kayısı apricot
kaymak skid; cream
kaynana mother-in-law
kaynatmak boil
kaz goose
kaza accident
kazak sweater
kazanmak earn; win
keçe uçlu kalem felt-tip pen
keçi goat
kederli depressed
kedi cat
kek cake
kel bald
kelebek butterfly
kelime word
kemer belt
kemik bone
kenar edge

kendi himself; **kendi anahtarı** his/her own key
kendim myself
kepenk shutters
kere time
kerevit crayfish
kerpeten pliers
kesmek cut
kestane chestnut
kestirme shortcut
keyif mood
Kıbrıs Cyprus
kılçık fishbone
kına henna
kır countryside
kırık broken; fracture
kırmak break; offend
kırmızı red
kırtasiyeci stationer's
kısa short
kıskanç jealous
kış winter
kıvırcık lettuce
kıyı coast
kıyma minced meat
kız girl
kızamık measles
kızamıkçık German measles
kız arkadaş girlfriend
kızarmış ekmek toast
kızartmak fry
kız(evlat) daughter
kızgın furious
kızıl saçlı red-headed
kız kardeş sister
kızlık adı maiden name
kız yeğen niece
ki: sanıyorum ki . . . I think that . . .
kibrit match
kilim rug
kilise church
kilit lock
kilitlemek lock (*verb*)
kim? who?
kimin whose
kimlik kartı ID card
kira rent
kiralamak rent (*verb*)
kiralık to rent; for hire
kiraz cherry
kirli dirty; polluted
kişi person
kitap book
kitapçı bookshop
klakson horn
klima air-conditioning
klimalı air-conditioned
koca husband
koklamak smell (*verb*)
kokmak smell (*verb*)
koku smell
kol arm; handle
kolay easy
koleksiyon collection
koli package
kol saati watch
koltuk değnekleri crutches
kolye necklace
kompartıman compartment
komşu neighbour
konser concert
konserve açacağı tin opener
konserve kutusu can
konsolosluk consulate
kontak ignition
kontak lens contact lens
kontrol etmek check
konukseverlik hospitality
konuşmak speak; talk
korkmak: . . .-den korkarım I'm afraid of . . .
korku fear
korkunç appalling; horrible
korumak protect
kostüm costume; suit

koşmak run
kova bucket
koymak put
koyun sheep
köpek dog
köpek balığı shark
köprü bridge
kör blind
köşe corner
kötü bad(ly); **en kötü** worst
köy village
kral king
kraliçe queen
krank mili crankshaft
kravat tie
krema cream
krem şantiye whipped cream
kriko jack
kuaför hairdresser
kulak ear
kule tower
kullanmak use
kulüp club
kum sand
kumanda tablosu dashboard
kumaş fabric
kumullar sand dunes
kundura tamircisi shoe repairer
kurşun kalem pencil
kuru dry
kurulama bezi tea towel
kurum society
kurumak dry (*verb*)
kuru temizleyici dry-cleaner
kurutmak dry (*verb*)
kuş bird
kuşet couchette
kuşkonmaz asparagus
kutu box
kuyruk tail; queue
kuyruk olmak queue (*verb*)
kuyumcu jeweller's
kuzen male cousin
kuzey north; **...'in kuzeyi** north of ...
Kuzey İrlanda Northern Ireland
kuzin (female) cousin
kuzu lamb
küçük small
külot briefs
külotlu çorap tights
kül tablası ashtray
kümes hayvanları poultry
küpe earring(s)
kütüphane library
küvet bathtub

lahana cabbage
lamba lamp
lastik rubber; tyre
lastik bant rubber band
lastik çizmeler wellingtons
lavabo washbasin
lazım: bana ... lazım I need ...
-le by; with
lehçe dialect
leke spot
libre pound
likör liqueur
liman harbour
limonlu çay lemon tea
lisan okulu language school
lokanta restaurant
lokum Turkish delight
Londra London; **Londra'da** in London
lütfen please

maç match
maden suyu mineral water
mağara cave
mahsus deliberately
mahzuru: (sizce) bir mahzuru var mı . . .? do you mind if I . . .?
makarna pasta
makas scissors
makbuz receipt
makinist mechanic
makul sensible
makyaj make-up
makyaj malzemesi cosmetics
-malı: . . .-malıyım I have to . . .
mal olmak cost
mal sahibi owner
manav greengrocer
Manş Denizi English Channel
mantar mushroom(s); cork
manto coat
manzara scenery; view
mart March
martı seagull
marul lettuce
masa table
masa örtüsü tablecloth
masatopu table tennis
masum innocent
matbua printed matter
mavi blue
mayıs May
mayo swimming costume/trunks
mayonez mayonnaise
mazot diesel
mektup letter
mektup kutusu letterbox
-meli: . . .-meliyim/meli I/she must . . .
meme vermek breastfeed
memnun glad; **tanıştığımıza memnun oldum!** pleased to meet you!
mendil handkerchief
merak hobby
mercek lens
merdiven ladder; stairs
merhaba hello
merhem ointment
mesaj message
mesane bladder
mesela for example
meslek profession
meşgul engaged
meteliksiz: meteliksizim I'm broke
mevsim season
meydan square
meyva fruit
meyvalı pay fruit pie
mezarlık cemetery
meze starter
mide stomach; **mide ağrısı** stomach ache; **midem bulanıyor** I feel sick
midilli pony
midye mussels
minare minaret
minnettar grateful
misafir guest
miyop shortsighted
mizah humour
mobilya furniture
mocamp caravan site
moda fashion
modaya uygun fashionable
mola pause; rest
mor purple
motor kapak contası cylinder

head gasket
motosiklet motorbike
muazzam tremendous
muhafaza etmek keep
muhtemelen probably
mum candle
musluk tap
mutfak kitchen
mutlu happy
muz banana
mücevher(at) jewellery
mükemmel excellent; perfect
mümkün possible
mürettebat crew
müsaade etmek allow
müshil laxative
Müslüman Moslem
müthiş terrific
müze museum
müzik aleti musical instrument

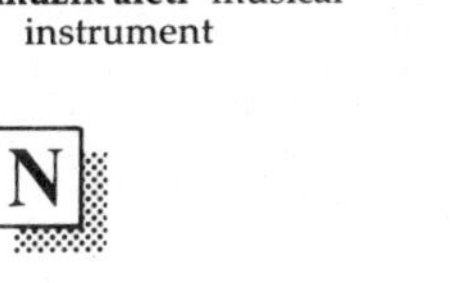

nadide rare
nahoş unpleasant
nakil transfer; transmission
nakit: nakit ödemek pay cash
namaz Moslem prayer
nargile hookah, waterpipe
nasıl? how?
nasılsınız? how are you?
naylon yağmurluk cagoule; plastic raincoat
nazik kind; nice; polite
ne? what?; **bu ne?** what's this?; **ne haber?** how are things?; **ne kadar?** how much?; **ne . . . ne . . .** neither . . . nor . . .; **ne zaman?** when?
neden cause; **neden?** why?
nedeniyle because of
nefes almak breathe
nefis delicious; lovely
nefret etmek hate
nehir river
nemlendirici krem moisturizer
nemli damp
nerede? where?
niçin? why?
nihayet at last
nisan April
nişanlı engaged; fiancé(e)
Noel Christmas; **Noeliniz kutlu olsun** happy Christmas!
not defteri notebook
numara number

o he; she; it; **o . . . dir** he/she/it is . . .
obdüratör shutter
objektiv lens
ocak cooker; January
oda room
oda hizmetçisi chambermaid
o dö tuvalet eau de toilette
ofis office
oğlan boy
oğul son
okul school
okumak read
olağan usual
olay event

oldukça quite; rather
olgun ripe, mature
olmak be; become; happen
omlet omlette
omuz shoulder
ona him; her; it
onda on him/her *etc*
ondan from him/her
ondan sonra then
onlar they
onlara them
onlarda on them *etc*
onlardan from them
onları them
onların their
onlarınki theirs
onu him; her; it
onun his; her; its
onunki his; hers; its
orada there; over there
orası, oraya there
ordu army
orman forest
orta middle
orta büyüklükte medium-sized
Orta Çağ Middle Ages
orta pişmiş medium (*cooked*)
Osmanlı Ottoman
ot grass
otobüs durağı bus stop
otomobil car; **otomobile almak** give a lift to; **otomobil ile** by car
otomobil kiralama car rental
otopark car park
otostop hitchhiking
otostop yapmak hitchhike
otoyol motorway
oturacak yer seat
oturmak live; sit down
oturma odası living room
oynamak play
oyun game; play
oyuncak toy

öbür gün the day after tomorrow
ödemek pay
ödemeli reverse charge call
ödünç: ödünç almak borrow; **ödünç vermek** lend
öfkeli angry
öğle midday
öğleden sonra afternoon; **öğleden sonra 3** 3 p.m.
öğle yemeği lunch
öğleyin midday
öğrenci student
öğrenmek learn
öğretmek teach
öğretmen teacher
öksürük cough
öksürmek cough (*verb*)
ölçek scale
öldürmek kill
ölmek die
ölü dead
ölüm death
ön front
ön cam windscreen
önce before; first; ago
önem importance; **önemi yok** it doesn't matter
önemli important
önermek advise
öpmek kiss (*verb*)
öpücük kiss
ördek duck
örmek knit
örnek example; **örneğin** for

example
örümcek spider
övgü compliment
öyle so
öyleyse then
özel private
özellikle especially
özel ulak special delivery
özlemek: seni özledim I miss you
özür: özür dilemek apologize; **özür dilerim** I'm sorry
özürlü disabled

padişah Sultan
pahalı expensive
paket parcel, packet
paketlemek pack (*verb*)
palto coat
pamuk cotton
panayır fair
pansiyon guesthouse
pantalon trousers
para money
para cüzdanı wallet
para çantası purse
parasını iade etmek refund
parça part; piece
pardon excuse me
park etmek park (*verb*)
park lambaları sidelights
parmak finger
parmaklık fence
Paskalya Easter
pasta cake
pastane café; cake shop
patates potato
patates kızartması chips
patlak lastik puncture
patlıcan aubergine
patron boss
paylaşmak share
pazar Sunday; bazaar
pazar çantası shopping bag
pazartesi Monday
peçete napkin
pek: pek (fazla) değil not too much; **pekaz** few
pembe pink
pencere window
perde curtain
perhiz diet
peron platform
perşembe Thursday
peşin in advance
peynir cheese
pikap record player
pil battery
pilav rice
pipo pipe
pire flea
pirinç rice (*uncooked*)
pirzola chop
pişirmek cook
plaj beach
plak record
plaka number plate
plan map; plan
polis karakolu police station
polis memuru policeman
politika politics
pompa pump
pop müziği pop music
popo bottom
porsiyon portion
portakal orange
portakal reçeli marmalade
portatif yatak campbed
portbebe carry-cot
porto şarabı port (wine)
postacı postman

postalamak post (*verb*)
postane post office
pozometre light meter
pratik practical
prens prince
prenses princess
prezervatif condom
priz socket
protez dentures
pul stamp
puro cigar
puset pushchair
pusula compass

radyatör heater; radiator
rafadan yumurta soft-boiled egg
rahat comfortable
rahatsız etmek disturb
rahip priest
randevu appointment
ranza couchette; **ranzalar** bunk beds
razıyım I agree
reçel jam
reçete prescription
rehber guide; guidebook
renkli filim colour film
renk colour
resepsiyoncu receptionist
resim picture
resmi tatil public holiday
rezervasyon reservation
rıhtım quay
rimel mascara
Rodos Rhodes
rock müziği rock music
rom rum
roman novel
romatizma rheumatism
rota route
römork trailer
röntgen X-ray
ruj lipstick
Rum ethnic Greek
rüya dream
rüzgar wind

saat clock; hour; **saat kaç?** what time is it?; **saat üçte** at 3 o'clock
sabah morning; **sabah (saat) 5de** at 5 a.m.
sabahlık dressing gown
sabun soap
saç hair
saç kurutma makinesi hair dryer
saç spreyi hair spray
saç tıraşı haircut
sadece only
sağ right; alive
sağanak shower
sağda on the right; **. . .'in sağında** on the right of . . .
sağır deaf
sağlığınıza! your health!
sağlıklı healthy
sağol bless you; thanks
sahil shore
sahip owner
sahip olmak have, own
sahte false
sakal beard
sakin quiet
sakinleşmek calm down
sakla(n)mak hide
salata salad

salata sosu salad dressing
salatalık cucumber
saldırgan aggressive
saldırı attack
salı Tuesday
salyangoz snail
saman nezlesi hay fever
sana you; to you
sanat art
sanatçı artist
sanat galerisi art gallery
sanayi industry
saniye second
saralı epileptic
saray palace
sardalye sardine
sargı bandage
sarhoş drunk
sarı yellow
sarışın blond
sarmak wrap
sarmısak garlic
satılık for sale
satın almak buy
satış sale
satmak sell
savaş war
sayfa page
saz Turkish music; Turkish string instrument
sebze vegetable
seçmek choose
sel flood
semaver samovar
sempatik nice
semt district
sen you
sende on you *etc*
senden from you
seni you
senin your
seninki yours
sepet basket
serbest allowed; free
sergi exhibition
serin cool; fresh
sert hard
servis ücreti service charge
servis istasyonu garage
ses voice
sessizlik silence
sevgi love
sevişmek make love
sevmek love (*verb*)
seyahat travel
seyahat acentesi travel agent's
seyahat çeki traveller's cheque
seyirci audience
seyretmek watch
sıcak warm; hot
sıcaklık heat; temperature
sıfır zero
sığ shallow
sığır eti beef
sıkıcı boring
sıkışmış stuck
sık sık often
sınıf class
sınır border; limit
sırasında during
sırf only
sırf gidiş single ticket
sırt back
sırt çantası backpack
sıska skinny
sızıntı leak
sigara cigarette
sigara içilen smoking
sigara içmek smoke (*verb*)
sigara içmeyenlere mahsus non-smoking
sigorta fuse; insurance
silah weapon

silecekler windscreen wipers
silgi eraser
sinek fly
sinema cinema
sinema kamerası movie camera
sinir hastası neurotic
sinir krizi breakdown
sinirli nervous
sinyal signal; indicator
sipariş order
sirke vinegar
sis fog
sivilce pimple
sivrisinek mosquito
siyah black
siyah beyaz black and white
siz you; one
-siz without
sizde on you *etc*
sizden from you
size to you
sizi you
sizin your
sizinki yours
soğan onion
soğuk cold; **soğuk aldım** I've got a cold; **soğuk büfe** cold food
soğuk algınlığı cold
sokak street
sokma insect bite
sokmak sting; insert; push
sol left
solak left-handed
solda on the left
solunda: . . .'in solunda on the left of . . .
som balığı salmon
somun nut
somun anahtarı spanner
son end; last
sonbahar autumn
sonra then; after; afterwards; **bundan sonra** in the future
sonradan afterwards
sormak ask
soru question
sorumlu responsible
sorun problem
sos sauce
sosis sausage
soyadı surname
söndürmek put out
sönük off
sörf surf
söylemek say
sözlük dictionary
söz vermek promise
spiral IUD; spiral
spor sport
spor ayakkabısı trainers
su water
su kayağı waterski; waterskiing
Sultan Ahmet Camisi Blue Mosque
suni artificial
Suriye Syria
susamak be thirsty; **susadım** I'm thirsty
suyu: . . . suyu . . . juice
süet suede
sünger sponge
sünnet circumcision
süpürge broom
sürahi jug
süre period
sürgü bolt
sürgülemek bolt (*verb*)
sürmek (araba) drive
sürpriz surprise
sürücü driver
süt milk
sütlü çikolata milk chocolate

sütlü kahve white coffee
sütsüz çikolata plain chocolate
sütyen bra

şahane wonderful
şair poet
şaka joke
şal shawl
şamandıra buoy
şampuan shampoo
şans luck; **bol şanslar!** good luck!
şapka hat
şarap wine; **kırmızı/beyaz şarap** red/white wine
şarap listesi wine list
şarkı song
şarkı söylemek sing
şaşırtıcı surprising
şato castle
şayet if
şef boss
şeftali peach
şehir city; town
şehir merkezi city centre
şeker sugar; sweet
şeker hastası diabetic
şemsiye umbrella
şerefe! cheers!
şey thing
şezlong deck chair
şikayet etmek complain
şilte mattress
şimdi now
şimdiden already
şirket company
şişe bottle
şişe açacağı bottle-opener
şişman fat
şişmiş swollen
şoför ehliyeti driving licence
şok shock
şort shorts
şöyle-böyle so-so
şu that (one)
şubat February
şu . . .-lar those . . .
şunlar those

tabak plate
taban floor; base; sole
tabanca gun
tabii of course
tabldot set menu
tahta wood
takım team; set
takıp denemek try on
takip etmek follow
takma ad nickname
takvim calendar
talep etmek demand
talih: talihin açık olsun! good luck!
talk pudrası talcum powder
tamam complete; OK; **(böyle) tamam** that'll do nicely
tamamlamak finish
tamir etmek mend
tam pansiyon full board
tampon bumper; tampon
tam zamanında on time
tanık witness
tanımak know; recognize

tanıştırmak introduce (*one another*)
tanıtmak introduce
tanrılar gods
tansiyon blood pressure
taramak comb
tarife timetable
tarih date; history
tarla field
tas bowl
taş stone
taşımak carry
taşıt vehicle
tat flavour; taste
tatil holiday
tatlı sweet; dessert
tatmak taste
tava frying pan
tavan ceiling
tavla backgammon
tavsiye etmek recommend
tavşan rabbit
tavuk chicken
taze fresh
tebrikler! congratulations!
tehlike danger
tehlike çıkışı emergency exit
tehlikeli dangerous
Tekel bayii off-licence
tekerlek wheel
tekerlekli araba trolley
tekerlekli sandalye wheelchair
tek gidiş single ticket
tek kişilik yatak single bed
tek kişilik bir oda single room
teklif etmek offer
tekrarlamak repeat
tel wire
teleferik cable car
telefon etmek phone (*verb*)
telefon kodu dialling code
telefon kulübesi phone box
telefon numarası phone number
telefon rehberi telephone directory
telesiyej chairlift
telgraf telegram
tembel lazy
temiz clean
temizlemek clean (*verb*)
temizleyici krem cleansing cream
temmuz July
temsilci agent
tencere saucepan
tepe hill
tepsi tray
tercüme etmek translate
tereyağı butter
tercih etmek prefer
terlemek sweat
terlik(ler) slippers
terzi tailor
tesadüfen by chance
tesisatçı plumber
teşekkür ederim thank you
teşekkür etmek thank
teyp tape
teyze (maternal) aunt
tıkaç plug
tıkalı blocked
tıraş fırçası shaving brush
tıraş köpüğü shaving foam
tıraş losyonu aftershave
tıraş olmak shave
tırnak fingernail
tırnak cilası nail polish
tırnak kesme aleti nail clippers
tırnak törpüsü nailfile
tiksindirici disgusting
tirbuşon corkscrew
tişört T-shirt

tiyatro theatre
tok not hungry
ton balığı tuna fish
top ball
toplantı meeting
toplu iğne pin
toprak earth
topuk heel
tornavida screwdriver
torun grandchild
tost toast
toz dust; powder
tüfek rifle
trafik kanunu highway code
trafik lambaları traffic lights
trafik tıkanıklığı traffic jam
Trakya Thrace
tren train
Truva Troy
tuğla brick
turuncu orange
tutmak hold; rent
tutuklamak arrest
tutuşturmak light
tuvalet toilet
tuvalet kağıdı toilet paper
tuz salt
tuzlu salty
tükenmez biro (*R*)
tümüyle altogether
tünel tunnel
tüpgaz Calor gas (*R*)
Türk Turk; Turkish
Türkçe Turkish (*language*)
Türkiye Turkey
Türk kahvesi Turkish coffee
tütün tobacco

ucuz cheap
uçak aeroplane
uçakla by air
uçak seferi flight
uçmak fly
ummak hope
un flour
unutmak forget
ustura razor
utanç shame; **utanç içinde** ashamed
utandırıcı embarrassing
utangaç shy
uyandırmak wake up
uyanık awake
uyanmak wake up
uykuda asleep
uyku ilacı sleeping pill
uykulu sleepy; **uykum geldi** I'm sleepy
uykusuzluk insomnia
uyku tulumu sleeping bag
uyluk thigh
uyruk nationality
uyumak sleep
uyuşturucu drug
uzak far
uzaklık distance
uzanmak lie down
uzatma kablosu extension lead
uzmanlık expertise; speciality
uzun long; **uzun boylu** tall; **uzun süre** a long time
uzunluk length

ülke country
ünlü famous
üstünde on; over
üst kat upstairs
üstte at the top
üstünde above
üstünü değiştirmek change
ütü iron
ütülemek iron
üvey anne stepmother
üvey baba stepfather
üzgün sad
üzüm grapes

vadi valley
vagon carriage
vagon restoran dining car
vajina vagina
vali governor
vana valve
vantilatör fan
vantilatör kayışı fan belt
vapur steamer
var: . . . var there is/are . . .; **. . . var mı?** is/are there . . .?; **. . .-ınız var mı?** have you got . . .?
varış arrival
varmak arrive
vatan motherland
vazo vase
ve and
vejeteryen vegetarian
vergi tax
vermek give
vestiyer cloakroom
veteriner vet
veya or
vezne till
vida screw
video alıcısı video recorder
viraj bend
viski whisky
vişne morello cherry
vitaminler vitamins
vites gear
vites kolu gear lever
vites kutusu gearbox
vize visa
vizör viewfinder
vurmak hit
vücut body

ya . . . ya . . . either . . . or . . .
yabancı foreign; foreigner
yabancı dil kılavuzu phrase book
yabani wild
yafta poster
yağ fat; oil
yağlı greasy
yağmak rain
yağmur rain; **yağmur yağıyor** it's raining
yağmurluk raincoat
Yahudi Jewish
yaka collar
yakalamak catch
yakın near; **en yakın . . .** the nearest . . .
yakında near here; soon
yakışıklı handsome
yakıt deposu tank
yaklaşık about

yakmak burn
yalan söylemek lie
yalı waterside residence
yalnız alone; only; **yalnız iki** just two
yan side
yangın fire
yangın söndürme cihazı fire extinguisher
yanık burn; on
yanıt answer
yanıtlamak answer (*verb*)
yankesici pickpocket
yanlış wrong
yanlış anlama misunderstanding
yanmak burn
yapı building
yapma artificial
yapmak do; make
yaprak leaf
yar cliff
yara wound
yaralı injured
yararlı useful
yardım help
yardım etmek help (*verb*)
yarım half; **yarım pansiyon** half board
yarın tomorrow; **yarın görüşürüz** see you tomorrow
yasa law
yasak forbidden
yastık pillow
yaş age; **kaç yaşındasınız?** how old are you?; **25 yaşındayım** I'm 25 years old
yaşamak live
yaşlı old
yat yacht
yatak bed
yataklı vagon sleeper
yatak odası bedroom
yatak takımı bed linen
yatışmak calm down
yatmak go to bed
yavaş slow
yavaşça slowly
yay spring; bow
yaya pedestrian
yaya geçidi pedestrian crossing
yayalara mahsus bölge pedestrian precinct
yayan on foot
yaz summer
yazık pity; it's a pity; **ne yazık ki** unfortunately
yazı kağıdı writing paper
yazı makinesi typewriter
yazmak write
yedek lastik spare tyre
yedek parça spare part
yeğen nephew; niece
yelken sail
yelkencilik sailing
yelkenli sailing boat
yelkenli sörf sailboard
yemek eat; meal
yemek listesi menu
yemek salonu dining room
yemek tarifi recipe
yenge sister-in-law
yengeç crab
yeni new
Yeni Yıl New Year; **Yeni Yılınız Kutlu Olsun** happy New Year!
yepyeni brand new
yer seat; ground; **...'nin yerinde** at ...'s place
yer ayırtmak book, reserve
yerfıstığı peanut
yeşil green
yeter enough; **bu kadar yeter** that's enough

yetişkin adult
yıka(n)mak wash
yıl year
yılan snake
Yılbaşı New Year's Eve
yıldız star
yıldönümü anniversary
yiyecek food
yok no; **. . . yok** there isn't any . . .
yoksa otherwise
yol path; road
yolcu passenger
yolculuk journey
yolcu otobüsü coach
yol hakkı right of way
yol inşaatı roadworks
yol işareti roadsign
yorgan quilt
yorgun tired
yön direction
yönetici manager
yukarı up there
yumurta egg
yumurtalık egg cup
yumuşak soft
Yunan Greek
Yunanistan Greece
Yunanlı Greek
yurt home; student housing; **yurt dışında** abroad; **yurdumu özledim** I'm homesick
yutmak swallow
yuvarlak round
yüksek high
yüksek sesle loud
yün wool
yürümek walk (*verb*)
yürüyüş walk; **yürüyüşe çıkmak** go for a walk
yüz face
yüzde per cent
yüz kremi cold cream
yüzme swimming
yüzme havuzu swimming pool
yüzmek swim
yüzmeye gitmek go swimming
yüzük ring
yüzyıl century

zaman time; when; **o zaman** then
zamk glue
zarar vermek damage
zarf envelope
zarif elegant
zatürree pneumonia
zayıf slim; thin; weak
zehir poison
zeki intelligent
zemin kat ground floor
zengin rich
zeytin olive
zeytinyağı olive oil
zil bell
zincir chain
ziyaret visit
ziyaret etmek visit (*verb*)
zor difficult
zührevi hastalık VD

GRAMMAR

One very important general fact about Turkish is that it uses *ENDINGS* or *SUFFIXES* added on to words in instances where English would use a separate word placed in front. For example, where English would say 'my hotel' Turkish uses the word for 'hotel' plus an ending for 'my':

hotel	otel
my hotel	otel-im

This also applies to *PREPOSITIONS*:

otel-den	from the hotel

Where English says 'in my hotel' Turkish uses two suffixes:

hotel	otel
in my hotel	otel-im-de

Another important general point concerns the notion of *VOWEL HARMONY*. This means that vowels in any ending added to a word must be of the same type as the final vowel in the word to which the ending is added. The possible combinations are:

final vowel	must be followed by
a/ı	**a** or **ı**
o/u	**a** or **u**
e/i	**e** or **i**
ö/ü	**e** or **ü**

to the hotel	to the beach
otele	plaja

The *INDEFINITE ARTICLE* (a) is the same as the word for 'one': **bir**

bir ev	a house

There is no *DEFINITE ARTICLE* (the) in Turkish:

ev	the house

GRAMMAR

PLURALS are formed by adding **-ler** or **-lar** to the noun:

final vowel	plural ending
e, i, ö, ü	**-ler**
a, ı, o, u	**-lar**

ev	house	**evler**	houses
göz	eye	**gözler**	eyes
dalga	wave	**dalgalar**	waves
kadın	woman	**kadınlar**	women

The plural suffix always comes before any other suffix. In Turkish, when a noun refers to a class of items as, for example, in the phrase 'to eat apples' or 'to sell cars' the plural suffix is not used; instead Turkish uses the singular form of the noun. Neither is the plural form used when a noun is used with a number (since plurality is clearly implied):

iki bardak/kadın
two glasses/women

Turkish has six *CASES*: nominative, accusative, genitive, dative, locative and ablative.

The nominative is the form as given in the dictionary sections in this book and itself has no endings. Other cases are shown by endings or suffixes. These suffixes must follow the rules of vowel harmony, that is to say: the vowel of the suffix changes according to the vowel of the preceding syllable.

last vowel of word *in nominative*	**e/i**	**ö/ü**	**a/ı**	**o/u**
acc	**-(y)i**	**-(y)ü**	**-(y)ı**	**-(y)u**
gen (of)	**-(n)in**	**-(n)ün**	**-(n)ın**	**-(n)un**
dat (to, for)	**-(y)e**	**-(y)e**	**-(y)a**	**-(y)a**
loc (in, on, at)	**-de**	**-de**	**-da**	**-da**
abl (from)	**-den**	**-den**	**-dan**	**-dan**

Note that words ending in a vowel take buffer letters (indicated in brackets) before these suffixes.

The *nominative* is used for the subject of a sentence:

the hotel is very nice
otel çok iyi

The *accusative* is used for the direct object:

I like the hotel
oteli beğendim

GRAMMAR

Note that in Turkish, when a noun is used as the direct object of a verb, it remains in the nominative when referring to a class of things as opposed to a thing in particular, for example:

çay içtim	I drank tea
but:	
mektubu aldım	I received the letter

The *genitive* is used for possession:

the name of the hotel
otelin adı

The *dative* is used for the indirect object, for motion towards:

can you take me to the hotel?
beni otele götürür müsünüz?

The *locative* is used to express position in or at:

he's not in the hotel
otelde değil

The *ablative* is used to express the idea of 'from' or 'out of':

he came out of the hotel
otelden çıktı

ADJECTIVES come in front of nouns as in English. They do not take any endings:

büyük ev	the big house
hasta adam	the sick man
büyük evler	the big houses

The *COMPARATIVE* of adjectives is formed by adding **daha** in front of the adjective and the *SUPERLATIVE* by adding **en**. There is no clear distinction between adjectives and adverbs in Turkish. If your behaviour is **iyi** (good), you behave **iyi** (well):

uzun	long	**iyi**	good, well
daha uzun	longer	**daha iyi**	better
en uzun	the longest	**en iyi**	the best

'as . . . as' is **. . .in kadar** (subject to vowel harmony):

şu bunun kadar pahalıdır
that's as expensive as this (one)

'. . .er than' is **-den** or **-dan** subject to vowel harmony:

he's bigger than me
o benden daha büyük

GRAMMAR

DEMONSTRATIVES, both adjectives and pronouns, are:

bu	this (next to the speaker)
şu	that (just over there)
o	that (over there, out of sight)

Before suffixes an **n** is added:

buna to this **şundan** from that **onlar** those

PERSONAL PRONOUNS are:

nom	I	**ben**	you	**sen**	he/she/it	**o**
acc	me	**beni**	you	**seni**	him, etc	**onu**
gen	of me	**benim**	of you	**senin**	of him, etc	**onun**
dat	to me	**bana**	to you	**sana**	to him, etc	**ona**
loc	in/on me	**bende**	in/on you	**sende**	in/on him, etc	**onda**
abl	from me	**benden**	from you	**senden**	from him, etc	**ondan**
nom	we	**biz**	you	**siz**	they	**onlar**
acc	us	**bizi**	you	**sizi**	them	**onları**
gen	of us	**bizim**	of you	**sizin**	of them	**onların**
dat	to us	**bize**	to you	**size**	to them	**onlara**
loc	in/on us	**bizde**	in/on you	**sizde**	in/on them	**onlarda**
abl	from us	**bizden**	from you	**sizden**	from them	**onlardan**

this is for you	bu senin için
I saw you	seni gördüm
a letter from them	onlardan mektup

The *YOU* form **sen** etc should be used only to people with whom you are on friendly terms.

Personal pronouns are often omitted as subjects since the verb endings make it clear what or who the subject is:

dün geldim **I came yesterday**

But they are used for emphasis:

HE did it!
o yaptı!

GRAMMAR

POSSESSIVE ADJECTIVES (his, her, my etc) are expressed by suffixes added on to the end of nouns, following the rules of vowel harmony:

	after consonants	*after vowels*
my	**-im/ım/um/üm**	**-m**
your	**-in/ın/un/ün**	**-n**
his/her/its	**-i/ı/u/ü**	**-si/sı/su/sü**
our	**-imiz/ımız/umuz/ümüz**	**-miz/mız/muz/müz**
your	**-iniz/ınız/unuz/ünüz**	**-niz/nız/nuz/nüz**
their	**-leri/-ları**	**-leri/-ları**

ev-im	my house
kız-ın	your daughter
kol-u	his arm
otobüs-üm	my bus
anne-m	my mother

Plural endings are added before the possessive endings:

çocuk-lar-ınız	your children

But all other endings are added after the possessive endings:

ceb-im-de	in my pocket
göz-ler-iniz-in rengi	the colour of your eyes

The following possessive adjectives can also be used (in addition to the above endings) if you want to stress possession:

benim	my	**bizim**	our
senin	your	**sizin**	your
onun	his/her/its	**onların**	their

that's MY bag!
o benim çantam!

POSSESSIVE PRONOUNS are:

benimki	mine	**bizimki**	ours
seninki	yours	**sizinki**	yours
onunki	his/hers/its	**onlarınki**	theirs

benimki nerede?	where is mine?
sizinki bu mu?	is this yours?

GRAMMAR

The *PRESENT TENSE* of the *VERB 'TO BE'* is formed with the following suffixes (instead of there being a separate word). The suffixes are subject to vowel harmony.

	after **e/i**	*after* **a/ı**	*after* **ö/ü**	*after* **o/u**
I am	**-(y)im**	**-(y)ım**	**-(y)üm**	**-(y)um**
you are	**-sin**	**-sın**	**-sün**	**-sun**
he/she/it is	**-dir**	**-dır**	**-dür**	**-dur**
we are	**-(y)iz**	**-(y)ız**	**-(y)üz**	**-(y)uz**
you are	**-siniz**	**-sınız**	**-sünüz**	**-sunuz**
they are	**-dir(ler)**	**-dır(lar)**	**-dür(ler)**	**-dur(lar)**

hastayım	I am ill
yorgun-sun	you are tired
üzgün-üz	we are sorry

In spoken language **dir** and **dir(ler)** are not used:

Ali Ankara'da	Ali is in Ankara
Ayşe evde	Ayşe is at home
o nerede?	where is he?

The *PAST TENSE* of the verb 'to be' is formed as follows:

I was	**idim**	we were	**idik**
you were	**idin**	you were	**idiniz**
he/she/it was	**idi**	they were	**idiler**

These words are used as suffixes (in conversation) or as independent words. When used as suffixes **i** disappears after consonants and changes to **y** after vowels, the remainder of the word undergoing the fourfold vowel harmony changes:

hasta idi	**hastaydı**	he was ill
yorgun idik	**yorgunduk**	we were tired
sinemada idim	**sinemadaydım**	I was at the cinema

The *INFINITIVE* of Turkish verbs is the form as given in the dictionary sections of this book, for example:

gelmek	to come
görmek	to see
bakmak	to look

If you remove the endings **-mek** or **-mak** you have what is known as the verb *STEM*: **git-**, **gör-** and **bak-**.

GRAMMAR

To form the third person singular of the *PRESENT TENSE* you add the suffix **-yor** preceded by **i/ı/u/ü** according to the preceding vowel (vowel harmony again):

gel-i-yor	he is coming
bak-ı-yor	he is looking
gör-ü-yor	he is seeing

To form the other persons of the present tense add the endings of the verb 'to be' (see page XYZ) to this third person singular base:

geliyor-um	I'm coming	**geliyor-uz**	we're coming
geliyor-sun	you're coming	**geliyor-sunuz**	you're coming
geliyor	he/she/it's coming	**geliyor-lar**	they're coming

Other verb *TENSES* are also formed by adding a tense suffix to the verb stem. The word thus obtained is the third person singular of the tense and personal endings are added to this (as seen above for the present tense).

The *PAST TENSE* suffix is **-di** (or, according to vowel harmony, **-dı/-du/-dü**)

gör-dü-m	I saw (have seen)	**gör-dü-k**	we saw
gör-dü-n	you saw	**gör-dü-nüz**	you saw
gör-dü	he/she/it saw	**gör-dü-ler**	they saw

The tense suffix for the *FUTURE* is **-ecek** or **-acak** to which endings of the verb 'to be' are added. Any **k** occurring between vowels becomes **ğ**:

gel-eceğ-im	I will come
gel-ecek-sin	you will come
gel-ecek	he/she/it will come
gel-eceğ-iz	we will come
gel-ecek-siniz	you will come
gel-ecek-ler	they will come

The Turkish equivalent to the verb *TO HAVE* is formed by adding possessive endings to the thing possessed and then adding **var** to the sentence for 'have' and **yok** for 'have not':

I have a house	bir evim var
he has no car	arabası yok

In the past tense **var** becomes **vardı** and **yok** becomes **yoktu**:

hiç param yoktu	I had no money
bir elma ağacımız vardı	we had an apple tree

GRAMMAR

To turn a sentence into a *QUESTION* add **mi/mı/mu/mü** (according to vowel harmony) at the end:

Ali bu filmi gördü	Ali has seen this film
Ali bu filmi gördü mü?	has Ali seen this film?

In sentences consisting of the verb 'to be' and an adjective or noun, for example:

hasta sın	you are ill

the question is formed as follows:

(sen) hastasın	you are ill
hasta mısın?	are you ill?

To seek confirmation of a statement **değil mi?** is used:

Ali bu filmi gördü, değil mi?
Ali has seen this film, hasn't he?

Note that this can be used for 'aren't you?' 'doesn't it?' and all other such questions.

NEGATIVES are formed by placing **-ma** or **-me** after the stem of the verb before any other endings. If there is an ending beginning with a **y** (as in the present tense) the negative is expressed instead by **-mi**, **-mı**, **-mü**, **-mu** depending on vowel harmony.

seni gördük	we saw you
seni görmedik	we didn't see you
gelecek	he'll come tomorrow
gelmiyecek	he won't come tomorrow
biliyorum	I know
bilmiyorum	I don't know

The negative of verb 'to be' is expressed with the word **değil** (pronounced: *deh-eel*) and the suffixes used to form the verb 'to be':

yorgun değilim	I am not tired
yorgun değilsin	you are not tired
yorgun değil (dir)	he/she/it is not tired
yorgun değiliz	we are not tired
yorgun değilsiniz	you are not tired
yorgun değil (dir)ler	they are not tired

CONVERSION TABLES

metres
1 metre = 39.37 inches or 1.09 yards

kilometres
1 kilometre = 0.62 or approximately ⅝ mile

to convert kilometres to miles: divide by 8 and multiply by 5

kilometres:	2	3	4	5	10	100
miles:	1.25	1.9	2.5	3.1	6.25	62.5

miles
to convert miles to kilometres: divide by 5 and multiply by 8

miles:	1	3	5	10	20	100
kilometres:	1.6	4.8	8	16	32	160

kilos
1 kilo = 2.2 or approximately 11/5 pounds

to convert kilos to pounds: divide by 5 and multiply by 11

kilos:	4	5	10	20	30	40
pounds:	8.8	11	22	44	66	88

pounds
1 pound = 0.45 or approximately 5/11 kilo

litres
1 litre = approximately 1¾ pints or 0.22 gallons

Celsius
to convert to Fahrenheit: divide by 5, multiply by 9, add 32

Celsius:	10	15	20	25	28	30	34
Fahrenheit:	50	59	68	77	82	86	93

Fahrenheit
to convert Fahrenheit to Celsius: subtract 32, multiply by 5, divide by 9